DAS ARBEITSVERHÄLTNIS IM FASCISTISCHEN RECHT

VON

DR. JUR. ULRICH HEINERSDORFF
DÜSSELDORF

SPRINGER-VERLAG BERLIN HEIDELBERG GMBH 1930

ISBN 978-3-662-40775-2 ISBN 978-3-662-41259-6 (eBook)
DOI 10.1007/978-3-662-41259-6

URSPRÜNGLICH ERSCHIENEN BEI JULIUS SPRINGER IN BERLIN 1930

MEINEN ELTERN

Vorbemerkung.

Das Interesse für den Fascismus ist auch in Deutschland allgemein. Bei der gegenwärtigen Krise des Staatsgedankens in ganz Europa erwartet man von dieser Bewegung etwas grundlegend Neues.

Es haben sich bisher viele Untersuchungen mit den soziologischen und staatstheoretischen Fragen des Fascismus befaßt. Die positiv-rechtlichen Neuschaffungen dagegen wurden fast nur nebenher behandelt, obwohl vielleicht gerade von hier wertvolle Anregung kommen kann.

Aufgabe dieser Arbeit ist es, die gesetzgeberischen und organisatorischen Neuerungen, die der Fascismus auf dem Gebiete des Arbeitsrechtes gebracht hat, zu untersuchen. Es handelt sich um die Frage, wie im neuen italienischen Staat die Beziehungen zwischen Kapital und Arbeitskraft geregelt werden.

Ich berühre die theoretischen Lehren des Fascismus und die Geschichte der fascistischen Bewegung nur so weit, wie es mir für das Verständnis erforderlich erscheint.

Die Anregung zu meiner Arbeit erhielt ich in dem Bonner Seminar von Herrn Prof. Dr. Carl Schmitt, dem ich, wie auch Sr. Exzellenz Herrn Prof. Dr. Göppert, für Förderung und Interesse danke.

Die Durchführung der Arbeit wurde mir erleichtert durch das außerordentlich freundliche Entgegenkommen der italienischen Behörden und Organisationen, die ich um Aufschluß und Unterlagen bat. Mein Dank soll auch an dieser Stelle wiederholt werden.

Düsseldorf, im Dezember 1929.

Ulrich Heinersdorff.

Inhaltsverzeichnis.

I. Einleitung.

1. Fascistische Staats- und Wirtschaftsauffassung. „Die italienische Nation ist ein Organismus, dessen Ziele, dessen Leben und dessen Tatkraft durch ihre Dauer und ihre Macht über die Einzelnen übergeordnet sind, die getrennt oder in Gruppen die Nation bilden. Sie ist eine moralische, politische und wirtschaftliche Einheit, die im Fascistischen Staat wesentlich verwirklicht wird." So lautet die erste Erklärung der Carta del Lavoro, der großen Programmschrift des Fascistischen Staates[1]. Hiermit wird zunächst die Nation, der Staat, über alles andere gestellt. „Nichts außerhalb des Staates, nichts gegen den Staat, alles für den Staat!" Deshalb soll ein Kampf der Interessen Einzelner oder einzelner Gruppen im Staate nur so weit zulässig sein, als seine Interessen nicht gefährdet werden. So ist auch die fascistische Wirtschaftsauffassung lediglich die, daß das Wirtschaftsleben dem Interesse des Staates dienen soll. Daneben ist die Frage der Wirtschaftsform — Kapitalismus, Sozialismus, Kommunismus — nicht eine Prinzipienfrage, sondern eine Frage nach der besten Methode. Gegenwärtig betrachtet der Fascismus die private Initiative in der Wirtschaft als das wirksamste Mittel im Interesse der Nation[2]. Er erkennt daher die kapitalistische Wirtschaft an, aber „da die private Organisation der Wirtschaft eine Funktion im nationalen Interesse ist, ist der Organisator eines Unternehmens dem Staate für die Leitung verantwortlich"[3]. Aus Zweckmäßigkeitsgründen findet daher ein Eingreifen des Staates in das Wirtschaftsleben erst dann statt, wenn die private Initiative fehlt, ungenügend ist oder staatliche Interessen auf dem Spiele stehen.

---

[1] Über die Carta del Lavoro siehe Kapitel II.

[2] „Wir glauben nicht an die Programme, an die Schemata . . . wir glauben nicht an die einzige Lösung — sei es im Wirtschaftlichen, im Politischen oder im Moralischen —, nicht an eine lineare Lösung des Lebens." MUSSOLINI: Diuturna S. 272.

[3] Carta del Lavoro, Erklärung VII.

Staatliche Interessen stehen auf dem Spiele bei der Regelung des Arbeitsverhältnisses, da Ungerechtigkeiten auf diesem Gebiet zu schweren Schädigungen der nationalen Wirtschaft führen müssen. Auch hier, und gerade hier, soll das Interesse der Nation über dem Interesse einzelner Personen oder Personengruppen stehen. Das äußert sich zunächst darin, daß der Fascismus nicht grundsätzlich die Partei der Arbeitgeber oder die der Arbeitnehmer ergreift, sondern in jedem Falle erwägt oder doch zu erwägen behauptet, wessen Ansprüche berechtigt sind und bei Berücksichtigung der Interessen der Nation erfüllt werden müssen.

In diesem Sinne suchte der Fascismus von Anfang an auf die Beziehungen zwischen Kapital und Arbeitskraft einzuwirken. Es ist bekannt, daß ihm bei diesen Bestrebungen, die sich mit parteipolitischen Zielen vermischten, jedes Mittel, Politik und Gewalt, recht war. — Als der Fascismus aber selbst an die Regierung gelangt war und der Staat vollständig auf fascistische Grundlage gestellt wurde, mußten legale Wege gefunden werden, die Regelung der Arbeitsbeziehungen im fascistischen Sinne zu beeinflussen[1].

Der Klassenkampf als geeignetes Mittel zur Regelung des Arbeitsverhältnisses wird natürlich vom Fascismus abgelehnt, weil durch ihn eine Lösung niemals unter Berücksichtigung wirklicher Bedürfnisse und nationaler Interessen gefunden wird, sondern lediglich das Recht des Stärkeren gilt. Ganz abgesehen davon wird aber auch das Bestehen der Klassengegensätze geleugnet. Gewisse Interessen mögen widerstreitend erscheinen — in Wahrheit sind alle Interessen der Wirtschaft gemeinsame Interessen[2].

2. Die Regierung des fascistischen Staates. Die teilweise nur historisch verständlichen italienischen Verfassungsverhältnisse können im Rahmen dieser Arbeit nicht dargelegt werden[3]. Über die Regierung des fascistischen Staates sei hier nur gesagt: Die Regierungsgewalt wird ausgeübt vom König durch den Regierungschef und Premierminister, der von ihm, unabhängig von den Parlamenten, ernannt wird (Art. 1 des Gesetzes über den

---

[1] Vgl. hierzu v. Beckerath: S. 148.

[2] Vgl. unten S. 15.

[3] Dargestellt in Leibholz: Zu den Problemen des fascistischen Verfassungsrechts.

Regierungschef vom 24. Dezember 1925). Er ist aber aus einer Liste zu ernennen, die der Große Fascistische Rat ständig auf dem laufenden hält (Art. 13 des Gesetzes über den Großen Fascistischen Rat vom 9. Dezember 1928). MUSSOLINI, der gegenwärtige Regierungschef, ist noch in den durchaus konstitutionellen Formen unter Billigung der Parlamente ernannt worden[1]. Die weitgehenden Rechte, die er dann für sich in Anspruch nahm, sind endgültig erst durch das erwähnte Gesetz über den Regierungschef anerkannt worden. Gegenwärtig ist natürlich MUSSOLINI unumschränkter Diktator. Das gesetzlich ausschlaggebende Staatsorgan ist aber seit 1928 der Große Fascistische Rat. Dieser ist ursprünglich ein Parteiorgan, und erst durch das Gesetz über den Großen Fascistischen Rat zu einem Staatsorgan geworden. Er besteht nunmehr aus den Präsidenten der beiden Kammern, den Ministern, einigen Staatssekretären, den Präsidenten der syndikalen Gesamtverbände, dem Präsidenten des Staatsgerichtshofes, den Mitgliedern des Direktoriums der fascistischen Partei und einigen anderen führenden Persönlichkeiten aus Behörden und Parteiorganisationen in dieser Eigenschaft. Außerdem kann der Regierungschef wohlverdiente Persönlichkeiten in den Rat berufen, und sich damit also stets eine Mehrheit sichern. Die Tatsache, daß Funktionäre der Partei *in ihrer Eigenschaft als solche* Mitglieder eines Staatsorganes sind, beruht darauf, daß die fascistische Partei keine Partei mehr im eigentlichen Sinne des Wortes ist. — „Der große historische Prozeß, welcher sich seit 1922 in bald beschleunigtem, bald verlangsamtem Tempo vollendete, führte mit unbeugsamer Folgerichtigkeit zur Herrschaft einer einzigen Partei, der fascistischen. Italien wurde aus dem Parteienstaat zum Ein-Partei-Staat. Die Verschmelzung war zunächst eine personale; sie äußerte sich darin, daß der Führer zum Ministerpräsidenten, die Parteihäupter zu Staatswürdenträgern aufrückten. Das ist selbstverständlich, mag die siegende Partei die orleanistische, bonapartistische oder bolschewistische sein. Interessanter war es, daß die Institutionen der Partei vom neuen Staate übernommen wurden. So wurden die Gewerkvereine, welche der Fascismus sich als politische Machtmittel geschaffen hatte, zu staatlich anerkannten Syndikaten. Den Kampfverbänden,

[1] Vgl. LEIBHOLZ: S. 7.

zur Milizia nazionale verschmolzen, wurden staatliche Aufgaben übertragen, wie Grenzschutz, Aufrechterhaltung der Ordnung, besonders in öffentlichen Betrieben, sowie militärische Jugendausbildung[1]."

Es sind eben immer bei fascistischen Einrichtungen die Tatsachen der rechtlichen Sanktionierung vorausgeeilt. Die fascistischen Gewerkschaften waren bereits allein ausschlaggebend, als ihnen durch das Gesetz ein Monopol verliehen wurde; das gleiche gilt von der Miliz, von der Diktatur und dem Großen Fascistischen Rat. Auf diese bezeichnend revolutionäre Erscheinung ist der Fascismus sehr stolz, und MUSSOLINI betont gerne: L'atto precedette sempre la norma — Die vollendete Tatsache ging stets der Normierung voraus. — Ob dies Prinzip sich auch fernerhin, nachdem die fascistische Revolution als solche abgeschlossen ist, im regelmäßigen Staatsleben durchführen läßt, darf wohl angezweifelt werden.

3. Rechtsquellen für das Arbeitsverhältnis im fascistischen Staate. Die Rechtsquellen für den Arbeitsvertrag waren in Italien in erster Linie die Bestimmungen des codice civile über die locazione delle opere — die Verdingung von Arbeitskraft — die den Dienst-, Werk- und Transportvertrag rechtlich definieren und regeln, ohne aber auf irgendwelche Einzelheiten einzugehen und insbesondere ohne irgendwelche sozialen Bestimmungen (wie etwa die §§ 617, 618, 629 des deutschen BGB.) zu enthalten. Einige soziale Gesetze — über Frauen- und Kinderarbeit, Unfallverhütung, Nachtarbeit u. dgl. — betreffen nur ganz bestimmte Arbeitsbeziehungen, nicht den eigentlichen Arbeitsvertrag. — Wie in allen kapitalistischen Staaten waren auch in Italien auf Grund einer vorwiegend sozialistischen Gewerkschaftsbewegung Tarifverträge üblich geworden, die aber keine gesetzliche Anerkennung und Regelung fanden. Die Tarifverträge hatten insbesondere keine selbständige Rechtswirkung für die Einzelarbeitsverträge, sie waren nicht unabdingbar und konnten bei mangelndem guten Willen niemals praktische Wirkung haben.

Gerade in einem von Berufsverbänden abgeschlossenen Tarifvertrag sieht aber auch der Fascismus den richtigen Weg zur Regelung der Beziehungen zwischen Kapital und Arbeitskraft.

---

[1] v. BECKERATH: S. 139.

Einer der führenden fascistischen Verfasser sagt: „Kapital und Arbeit sind die Faktoren des Wirtschaftslebens. Die modernen Formen des Wirtschaftslebens aber, die sich nicht zurückentwickeln werden, lassen es fast nie zu, daß Kapital und Arbeitskraft in den gleichen Händen sind. Diese Elemente müssen sich aber doch zusammenfinden, um gemeinsam zu produzieren und den Gewinn zu teilen. Das Mittel der Verteilung ist der Vertrag. Nun hat aber die Erfahrung gezeigt, daß der individuelle Vertrag auf diesem Gebiete ein sehr schlechtes Verteilungsmittel ist. Die Gewerkschaften entstanden in Wirklichkeit aus dieser Sachlage, nämlich aus der Notwendigkeit, den individuellen Vertrag durch etwas anderes zu ersetzen. Der sogenannte Staatssozialismus glaubte, an seiner Stelle das Gesetz gebrauchen zu können; aber das mag für anders geartete Dinge ein gutes Mittel sein. Das, was man an Stelle des individuellen Vertrages setzen muß, um eine gerechte Verteilung des Gewinnes zu erzielen, ist der Kollektivvertrag. Die Voraussetzung des Kollektivvertrages ist die Gewerkschaft und der Gewerkschaftsgedanke. — So bleibt von dem Gewerkschaftsgedanken, wenn man ihn nicht mehr mit dem gar nicht zu ihm gehörenden Marxismus verbindet, seine wahre Funktion als ein Mittel, eine gerechte Verteilung des Reichtums unter die Faktoren der Wirtschaft zu erzielen[1]."

Die freien Gewerkschaften sind nun oft marxistisch eingestellt. Dies widerspricht nach fascistischer Auffassung ihrer eigentlichen Natur. Insbesondere aber bekämpfen die freien Gewerkschaften den fascistischen Staat. Die Tätigkeit der Gewerkschaften für eine bessere wirtschaftliche Lage der Arbeitnehmer vermischt sich mit der staatsfeindlichen Tätigkeit für ihre politischen Zwecke. Dabei geht der Einfluß der Gewerkschaften durch die Größe der in ihnen zusammengeschlossenen Menschenmassen weit über die Einwirkung auf die Arbeitsbedingungen hinaus. Der Fascismus kann aber nicht dulden, daß ein so mächtiger Organismus innerhalb des Staates gegen den Staat kämpft. Insbesondere kann er nicht zulassen, daß einem staatsfeindlichen Verband die wichtige Funktion der Mitwirkung bei der Festsetzung der Arbeitsbedingungen übertragen wird. Die Mitwirkung bei den Tarifverträgen kann vielmehr nur solchen Verbänden übertragen werden, die

[1] Carnelutti in „Il Diritto del Lavaro" 1927, Heft 1.

die Gewähr einer sachlichen Interessenvertretung bieten und dabei von nationalen = fascistischen Gedanken ausgehen. Da die Berufsverbände gleichzeitig die Grundlage für den berufsständischen Staat bilden sollen, sind sie in die staatliche Organisation einzuordnen.

Die dann von den Berufsverbänden abgeschlossenen Tarifverträge sollen nicht mehr privatrechtliche Verträge, sondern autoritative Rechtsnormen sein.

Die Eigenart dieser neuen Rechtsnorm ist, daß sie durch Vereinbarung entsteht. Es erhebt sich da sofort die Frage: was geschieht, wenn sich die Parteien nicht einigen können? Es geht nicht an, daß in einem solchen Fall die Regelung unterbleibt, denn dann bestände die Möglichkeit, daß die Arbeitgeber jede Verbesserung der Arbeitsbedingungen, die Arbeitnehmer jede Verschlechterung derselben verhindern können, ohne Rücksicht auf die objektive Notwendigkeit. Die übliche Lösung durch den Arbeitskampf: Streik und Aussperrung, widerspricht dem fascistischen Grundsatz von der Gemeinsamkeit der Interessen und der Überordnung der Nation, die in jedem Fall unter einem Streik leidet. Daher sagt MUSSOLINI: „Ebenso wie der Staat als Träger der Rechtsordnung seit Jahrhunderten die Selbstverteidigung der einzelnen Menschen verboten und durch staatliche Justiz ersetzt hat, muß er nun auch endlich die Selbstverteidigung der Klassen verbieten und durch staatliche Justiz ersetzen, im höheren Interesse des sozialen Friedens, der Produktion und des nationalen Reichtums[1].“ Gerichtliche Entscheidung soll also den Konflikt lösen, der etwa zwischen Tarifvertragsparteien entstehen sollte. Die gerichtliche Entscheidung tritt dann an Stelle des Tarifvertrages und ist selbst Rechtsnorm.

Neben dem Tarifvertrag und der gerichtlichen Entscheidung bleiben Gesetz und Verordnung als Rechtsquellen des Arbeitsverhältnisses bestehen. Als neue Art der Verordnung erscheinen die Anordnungen der korporativen Behörden, die als spezifisch arbeitsrechtliche Behörden zu schaffen sind.

Eine Rechtsnorm sui generis ist die Carta del Lavoro vom 21. April 1927, die auch einige Bestimmungen über den Arbeitsvertrag enthält.

---

[1] Zitiert von ORESTE GIORDANO: S. 116.

In ihr sind gleichzeitig die Grundgedanken für die neuen Gewerkschaften und den Tarifvertrag niedergelegt. Ihre eigentliche Verwirklichung fanden dieselben aber schon vorher durch das Gesetz vom 3. April 1926, das den Titel trägt: Disciplina giuridica dei rapporti collettivi del lavoro = Rechtliche Ordnung der kollektiven Arbeitsbeziehungen. (Im folgenden kurz als „Arbeitsgesetz“ bezeichnet.) Zu diesem Gesetz erging eine Ausführungsverordnung vom 1. Juli 1926. Eine weitere Verordnung über die behördliche Verwahrung und Veröffentlichung von Tarifverträgen erging am 6. Mai 1928.

II. Die Carta del Lavoro.

Die Carta del Lavoro, die Verfassung der Arbeit, wurde am 21. April 1927 vom Großen Fascistischen Rat beschlossen. Der Große Fascistische Rat[1] war damals noch nicht Staatsorgan, sondern nur Parteiorgan. Er bestand aus dem Ministerpräsidenten MUSSOLINI als Vorsitzendem, den Ministern, einigen Staatssekretären und den führenden Männern der fascistischen Partei. Die Vertreter der großen Berufsverbände gehörten damals noch nicht zum Großen Fascistischen Rat, waren aber in der Sitzung zugegen und unterzeichneten die Carta del Lavoro. Diese wurde in der Gazzetta Uffiziale del Regno, dem Öffentlichen Anzeiger des Königreiches veröffentlicht, und zwar nicht in dem Teil, der für Gesetze vorbehalten ist.

Der Inhalt ist eine Zusammenfassung der Grundgedanken, auf denen die Arbeitsgesetzgebung bis dahin beruht, nach denen sie weitergeführt werden soll, und nach denen die ergangenen Gesetze ausgeführt werden sollen.

Politisch ist die Carta del Lavoro die Programmschrift der fascistischen Arbeitspolitik.

Die Rechtsnatur des Dokumentes ist nicht ganz klar. Ein Gesetz im formalen Sinne ist es nicht. Die fascistische Auffassung darüber geht aus folgenden Ausführungen von COSTAMAGNA hervor: „Wenn das Organ, das die Carta del Lavoro erlassen hat, auch noch nicht in die Reihe der vom Staate eingerichteten gesetzgebenden Organe eingetreten ist, so ist sie doch schon eine Ver-

---

[1] Vgl. S. 3.

sammlung, zu der der Regierungschef, die Minister und andere staatliche Behördenvertreter in dieser ihrer Eigenschaft gehören. Mehr noch, in dieser Versammlung waren zugegen die Leiter der Partei (il Partito) und die der Berufsverbände, d. h. also die Exponenten der moralischen, wirtschaftlichen und sozialen Kräfte, die eigentlich alle Faktoren des nationalen Lebens umfassen. — Soweit die Carta del Lavoro die belebenden Prinzipien des bereits durchgeführten Gesetzeswerkes ausspricht und definiert und sie zum Kanon des Regimes erhebt, soweit sie ferner die Kriterien einer weiteren von den zuständigen Stellen zu erlassenden Gesetzgebung genau angibt, ist sie der Ausdruck eines Willens, der mehr als normativ, der konstitutiv ist, da er darauf gerichtet ist, auf das Volksgewissen und auf die staatlichen Einrichtungen zu wirken, wozu er die Macht hat auf Grund der politischen Kraft, die ihn ins Leben rief. In Wahrheit ist jede Tat, die eine Staatsverfassung erzeugt, ihrer Natur nach außerhalb des Rechtes und über dem Rechte stehend, weil mit ihr eine neue Gesetzmäßigkeit und eine neue Verfassung ihren Anfang nimmt[1]." Demnach soll die Carta del Lavoro also den Charakter einer Verfassung haben. Die Untersuchung, ob das zutrifft, würde bei der Vielfältigkeit des Verfassungsbegriffes hier zu weit führen[2]. Formal würde die Frage eine große Bedeutung nicht haben, da in Italien auch Verfassungssätze durch einfaches Gesetz abgeändert werden können. Nach dem Gesetz über den Großen Fascistischen Rat ist dieser bei Verfassungsfragen zu „hören".

Soweit die Sätze der Carta del Lavoro, wie z. B. die bereits zitierten Erklärungen I und VII[3], allgemeine Grundsätze aussprechen, die kein direkt anwendbares Recht enthalten, werden Regierung und Gesetzgebung sich danach richten und in ihrem Geiste handeln, solange der italienische Staat fascistisch ist. Zu Erklärungen, deren Ausführung von einer die Einzelheiten regelnden Gesetzgebung abhängig ist, werden Gesetze ergehen, soweit sie nicht schon ergangen sind.

Das vor der Carta del Lavoro ergangene Arbeitsgesetz und die Verordnung über die Tarifverträge sind einige der gesetzlichen Sanktionierungen im Geiste und nach den Anweisungen der Carta

---

[1] Costamagna in „Il Diritto del Lavoro" 1927, Heft 4/5.
[2] Vgl. dazu Leibholz: S. 10, und die Anmerkungen 29 und 30 daselbst.
[3] Oben S. 1.

del Lavoro. Die letztere nimmt sogar einfach auf die Carta del Lavoro Bezug.

Bei den Sätzen der Carta, die, ohne in ein Gesetz aufgenommen zu sein, eine direkte norma agendi aussprechen, erhebt sich die Frage, ob sie als Rechtssätze zu achten sind oder nicht. Die fascistische Regierung würde das jedenfalls gerne sehen. Der Premierminister und zugleich Minister der Korporationen hat am 16. Juli 1927 ein Rundschreiben folgenden Inhalts an die Präfekten und an die Berufsverbände erlassen:

„Es wird darauf hingewiesen, daß ein Teil der Erklärungen der Carta bereits seine positive Bestätigung in den Normen des Gesetzes und der Verordnung über die kollektiven Arbeitsbeziehungen gefunden hat; ihre zwingende Kraft beruht daher direkt auf den entsprechenden Gesetzesbestimmungen. Die anderen Erklärungen des Dokumentes sind, wenn sie auch noch nicht mit gesetzlichen Normen übereinstimmen, doch jedenfalls als Prinzipien und richtunggebende Grundsätze anzusehen, die der fascistische Staat in rechtskräftige Bestimmungen überzuführen sich vorgenommen hat. Deswegen wünscht das Ministerium, daß von nun ab die Berufsverbände jeden Grades ihre Tätigkeit mit diesen Erklärungen in Einklang bringen, sie bei dem Abschluß von Tarifverträgen beachten (es sei denn, daß sie im Widerspruch zum geltenden Rechte stehen), und sich auf die beabsichtigte rechtliche Ausarbeitung einstellen.

Mit der genauen Befolgung der Anweisungen der Carta del Lavoro werden die Berufsverbände — die alle Faktoren der Produktion im Rahmen des Staates als der umfassendsten Vertretung der Nation frei verbinden — praktisch bestätigen, daß die neue Verfassung der Rechte und Pflichten der Arbeit sich festigt und sich verwirklicht, noch bevor sie voll und ganz die positive Form rechtlicher Bindung angenommen hat.“

Damit ist also erstrebt und wird auch erreicht, daß die offiziellen Stellen die Carta del Lavoro beachten. — Interessanter und rechtlich bedeutsamer ist, daß auch die Rechtsprechung die Carta anerkennt. Nach vielen ähnlichen Entscheidungen unterer Gerichte haben die vereinigten Senate des Kassationshofes, des obersten Gerichtes in Italien, die rechtliche Wirksamkeit der Carta del Lavoro bestätigt. Die Erklärung XVII der Carta spricht aus, daß ein Arbeitnehmer, der ohne sein Verschulden entlassen wird, Anspruch auf eine je nach der Anzahl seiner Dienstjahre zu bemessende Entschädigung haben soll, und daß diese auch im Falle des Todes des Arbeiters fällig wird. In dem vor den Kassationshof gelangten Verfahren klagten die Hinterbliebenen eines Angestellten auf Zahlung dieser Summe. Der Anspruch konnte sich damals auf keine andere Bestimmung und auch auf keine vertragliche Vereinbarung stützen. Der Kassationshof gab der Klage unter Bezugnahme auf die genannte Erklärung der Carta statt. Die Urteilsgründe weisen darauf hin, daß die C. d. L. zwar kein eigentliches Gesetz sei, aber doch ein grundlegendes Dokument, das die Rechte und Pflichten aller Faktoren der Wirtschaft festlege. Es wird auf das auch hier zitierte Zirkular Bezug genommen und heißt dann weiter: „Die Carta muß ihrer Natur nach auch auf die Anwendung des geltenden Rechtes ihren Einfluß haben, um dasselbe bei seiner Auslegung mit den ausgesprochenen Prinzipien in Einklang zu bringen. — Bei der heutigen Entwicklung der Rechtsauffassung im Arbeitsrecht würde eine Entscheidung sich nicht rechtfertigen lassen, die bei einem einzelnen Unternehmen, für das solche Bestimmungen nicht gelten, von einem Grundsatz der Moral und der Gerechtigkeit, ausgesprochen in der C. d. L., abwiche." Nach dieser wichtigen Entscheidung müssen wir also die C. d. L. in den das Arbeitsverhältnis betreffenden Sätzen als Rechtsnorm ansehen[1].

Im übrigen plant die Regierung in Übereinstimmung mit dem Großen Fascistischen Rat dem Parlament folgenden Gesetzentwurf vorzulegen:

„Die Königliche Regierung wird ermächtigt, soweit es erforderlich ist, Anordnungen für die vollständige Durchführung der Carta del Lavoro, die vom Großen Fascistischen Rat am 21. April 1927 beschlossen und in der Gazzetta Ufficiale vom 30. April 1927 veröffentlicht worden ist, zu erlassen."

Durch dieses Gesetz wird sich die Frage nach der Rechtsnatur der C. d. L. vom praktischen Gesichtspunkte bald erübrigen.

Die C. d. L. besteht aus vier Hauptteilen: 1. über den korporativen Staat und seine Organisation, 2. über den Tarifvertrag und den Schutz der Arbeitskraft, 3. über die Arbeitsvermittlung, 4. über Unterstützung und Erziehung. Für das Arbeitsverhältnis

[1] Die Entscheidung ist zitiert: „Il Lavoro d'Italia", 20. Juli 1928.

ist in erster Linie der zweite Hauptteil von Bedeutung. Daneben ist wichtig der erste Hauptteil, da er die allgemein wirtschaftlichen Grundsätze und die Prinzipien des berufsständischen Staates enthält.

Da der Inhalt der Carta bei der Darstellung der Gewerkschaften, des Tarifvertrages und des normativen Richterspruches Berücksichtigung finden wird und auch zum Teil wörtlich wiedergegeben wird, erübrigt sich hier eine weitere Darstellung.

III. Gesetzliche Normen über das Arbeitsverhältnis.

1. Gesetze und Verordnungen im allgemeinen. Ein Gesetz kommt in Italien zustande durch übereinstimmenden Beschluß der beiden Kammern, Senat und Abgeordnetenhaus, und durch Bestätigung und Verkündigung durch den König. Die Erklärung des Königs bedarf der Gegenzeichnung durch einen Minister.

Die Befugnis der Königlichen Regierung, ein Gesetz zurückzuweisen, ist durch die Verfassung nicht weiter umschrieben und daher theoretisch unbegrenzt. Bis zum Fascismus aber war gewohnheitsrechtlich das Recht des Königs sehr beschränkt gewesen[1].

Das Abgeordnetenhaus wurde vom Volke in direkter Verhältniswahl gewählt[2]. Der Senat bestand und besteht aus vom König benannten lebenslänglichen Mitgliedern.

Der Fascismus hat einen weitgehenden Einfluß der Königlichen Regierung auf die Gesetzgebung geschaffen. Dabei wurde stets betont, daß es sich um eine Wiederherstellung der Rechte des Königs handele, da dieser unrechtmäßig seine Machtstellung verloren habe. Die Herstellung geschah durch das Gesetz über den Premierminister vom 24. Dezember 1925, das die Diktatur MUSSOLINIS gesetzlich sanktionierte, den König bei der Regierungsbildung vom Parlament unabhängig machte und über die

[1] Ebenso war der König bei der Ernennung der Minister dem Gesetze nach frei, aber durch Gewohnheitsrecht von dem Vertrauen der Kammern abhängig geworden. Vgl. oben S. 2.

[2] Das Wahlrecht war nicht allgemein, sondern es stand allen männlichen Personen über 30 Jahren zu und denjenigen über 21, die entweder ein gewisses Vermögen hatten oder die Wehrpflicht abgedient hatten oder eine abgeschlossene Schulbildung hatten oder gewisse Ämter bekleideten. Faktisch waren danach sehr wenige ausgenommen.

Gesetzgebung insbesondere bestimmte, daß nichts auf die Tagesordnung einer der beiden Kammern gesetzt werden darf ohne die Zustimmung des Premierministers, und daß der letztere eine neue Abstimmung über einen zurückgewiesenen Gesetzesvorschlag ohne Debatte herbeiführen kann.

Ferner sind aber auch die beiden Kammern fascistisch beeinflußt worden. Für den Senat stand das Mittel zur Verfügung, das andere Regierungen vorher auch schon angewandt hatten, die Neuernennung von Senatoren durch Königliche Verordnung[1]. Immerhin kommt für MUSSOLINI noch heute aus dem Senat die meiste Opposition.

Durch das Wahlgesetz vom 6. April 1924 hatte MUSSOLINI in der Kammer eine feste Mehrheit bekommen[2]. Am 17. Mai 1928 ist dann ein Gesetz ergangen, das die Kammer auf eine vollkommen neue Basis gestellt hat, indem es die berufsständische Volksvertretung durchführt. Danach wird die Kammer auf folgende Weise gebildet:

Von den nationalen Berufsverbänden, die eine Produktionsgruppe umfassen, werden Abgeordnete vorgeschlagen, und zwar hat stets ein Gesamtverband von Arbeitgebern das Recht zur Benennung der gleichen Anzahl Kandidaten, wie der entsprechende Arbeitnehmerverband[3]. — Vom Großen Fascistischen Rat werden aus den Vorschlägen die Abgeordneten benannt[4]. Dabei ist der Große Fascistische Rat in keiner Weise an die Vorschläge gebunden; er kann vorgeschlagene Personen unberücksichtigt lassen, er kann auch nicht vorgeschlagene Personen benennen. Grenzen sind ihm nicht gesetzt. Die vom Großen Fascistischen Rat aufgestellte Liste der Abgeordneten wird dann als einzige Liste dem Volke zur Abstimmung vorgelegt, wobei nur die Frage: „Stimmt ihr der Liste der Abgeordneten zu, die der Große Fascistische Rat aufgestellt hat?“ mit „Ja“ oder „Nein“ beantwortet werden kann. Erst wenn diese Abstimmung zuungunsten der aufgestellten Liste

---

[1] Vgl. v. BECKERATH: S. 122, der berichtet, daß während der fascistischen Regierung bis 1927 fast ein Fünftel der Gesamtzahl der Senatoren neu ernannt worden ist. In letzter Zeit, Februar 1929, sind wieder viele Senatoren ernannt worden.

[2] Näheres darüber v. BECKERATH: S. 60ff.

[3] Die Zahlen siehe Anmerkung 2 S. 29.

[4] Zur Durchführung des Wahlgesetzes war die Umwandlung des Großen Fascistischen Rates in ein Staatsorgan unerläßlich.

ausfällt, kommt es zu einer Wahl mit konkurrierenden Listen. Diese letztere Möglichkeit wurde aber schon in der Denkschrift der Regierung zu dem Gesetzentwurf als rein hypothetisch bezeichnet, und daher sind auch die Einzelheiten für diesen Fall überhaupt nicht geregelt. — Diesem System liegt der allgemeine fascistische Gedanke zugrunde, daß die Menge nicht wählen soll, sondern durch Zustimmung (approvazione) ihrer Meinung Ausdruck geben soll.

Zum ersten Male ist Mitte 1929 eine Kammer nach diesem System gebildet worden. Das Verfahren hat sich ganz programmmäßig abgespielt. Für die Stimmung in Italien läßt sich daraus nichts schließen, da die Abstimmung nicht geheim war. Es versteht sich von selbst, daß alle Abgeordneten Fascisten sind, und zwar in erster Linie solche, die schon vor der Machtergreifung Mitglieder waren.

Bei der Gesetzgebung ist also fascistischer Geist gewährleistet und eine ernstliche Opposition unmöglich gemacht.

Das italienische Recht kennt neben dem Gesetz im formalen Sinne die Verordnung mit Gesetzeskraft, deren Grundlage aber bisher das Gewohnheitsrecht war. Schon seit 1850 erließ die Regierung durch Verordnung Rechtsnormen mit Gesetzeskraft; diese Verordnungen wurden dann den Kammern zur Umwandlung in Gesetz vorgelegt. Die Rechtsprechung hatte diese decreti-legge (Gesetzverordnungen) anerkannt. Im Kriege hatte die Regierung zeitweise allgemeine Vollmacht, Gesetzverordnungen zu erlassen; oft wurden auch ganze Serien von Verordnungen en bloc zu Gesetzen erklärt. Die fascistische Regierung übernahm das Institut der decreti-legge. Sie ließ sich Vollmachten geben, die sie aber sofort überschritt, ohne daß die Rechtsgültigkeit der Verordnungen angezweifelt wurde[1]. Am 31. Januar 1926 erging dann ein Gesetz, das die Befugnis der Regierung, Verordnungen mit Gesetzeskraft zu erlassen, grundsätzlich regelte. Danach hat die Regierung allgemeine Vollmacht, Verordnungen zu erlassen, betreffend

die Ausführung der Gesetze,

die Ausübung der der Exekutive zustehenden Gewalt,

die Verwaltung des Staates und der öffentlichen Körperschaften, auch soweit diese bisher durch Gesetz geregelt wurde.

---

[1] Maranini: La divisione dei poteri. Vgl. auch v. Beckerath: S. 58.

Die Zustimmung zu Staatsverträgen, die bisher durch Gesetz erteilt werden mußte, wird jetzt ebenfalls durch Verordnung erteilt.

Die Regierung kann ferner allgemein in außerordentlichen Fällen, wenn es dringend notwendig ist, Verordnungen mit Gesetzeskraft erlassen. Die Entscheidung über die Dringlichkeit trifft die Regierung selbst. Innerhalb einer bestimmten Zeit muß eine derartige Verordnung den beiden Kammern zur Umwandlung in Gesetz vorgelegt werden. Wenn nicht beide Kammern der Umwandlung zustimmen, tritt die Verordnung außer Kraft. Für die Zwischenzeit ist sie aber vollgültig. Dieser durch das Gesetz geschaffene Rechtszustand unterscheidet sich nicht wesentlich von dem, der als Gewohnheitsrecht bereits vorher, auch vor dem Fascismus, galt.

2. Die Gesetze und Verordnungen über das Arbeitsverhältnis. Zahlreich sind die Gesetze und Verordnungen über das Arbeitsverhältnis in Italien nicht. Auf den Mangel einer eingehenden Regelung in codice civile wurde bereits hingewiesen. Im übrigen bestehen aus der vorfascistischen Zeit einige soziale Schutzgesetze, z. B. Gesetz über die Verhütung von Arbeitsunfällen und über Versicherung 1904, Gesetz über den wöchentlichen Ruhetag 1907, Gesetz über die Nachtarbeit in Bäckereien 1908. Über Frauen- und Kinderarbeit ergingen verschiedene Gesetze, die 1927 zu einem einheitlichen Gesetz zusammengefaßt wurden. Die Fascistische Zeit brachte insbesondere eine Gesetzverordnung vom 15. März 1923, die den grundsätzlichen Achtstundentag einführte, eine Gesetzverordnung vom 13. November 1924 über den privaten Anstellungsvertrag und eine Verordnung vom 14. April 1927 über die Arbeitshygiene.

Die Gesetzverordnung über den privaten Anstellungsvertrag ist die einzige gesetzliche Norm, die über eine Regelung von ganz bestimmten eng umgrenzten Beziehungen hinausgehend für ein ganzes Gebiet von Arbeitsbeziehungen allgemeine Bestimmungen gibt. Sie regelt das Arbeitsverhältnis des technischen und kaufmännischen Angestellten. Die Verordnung gibt eingehende Regeln über Probezeit und Kündigungsfristen; Arbeitsunterbrechung durch Krankheit, Militärdienst u. a.; Todesfall; Zeugnisse; Ferien; Konkurrenzklausel u. a. m., so daß eigentlich alles geregelt ist, das allgemein geregelt werden kann. Über den Lohn heißt es nur, daß er, wenn nichts anderes bestimmt ist, der ortsübliche ist. — Für andere Arbeitsverhältnisse, also insbesondere für die Handarbeiter, fehlt eine solche gesetzliche Normierung.

Nicht hierher gehört die Gesetzgebung über die obligatorische Versicherung gegen Alter, Invalidität und Unfälle, sowie gegen unverschuldete Arbeitslosigkeit, und die Gesetze über Arbeitsvermittlung. Sie sind zwar für das allgemeine Problem der Beziehungen zwischen Kapital und Arbeitskraft indirekt von sehr großer Bedeutung, betreffen aber nicht das eigentliche Arbeitsverhältnis.

IV. Die Berufsverbände.

Das Hauptgewicht hat der Fascismus durch das Arbeitsgesetz auf die Regelung der Arbeitsbeziehungen durch Tarifvertrag gelegt[1]. Voraussetzung des Tarifvertrages sind die Berufsverbände. Der Fascismus hat hier eine neue Grundlage geschaffen, sich aber teilweise auf Vorhandenes gestützt. Eine eingehende Darstellung der zum Abschluß von Tarifverträgen berechtigten Berufsverbände ist für das Verständnis der tarifvertraglichen Regelung erforderlich. Es sei hier noch einmal darauf hingewiesen, daß die Berufsverbände gleichzeitig die Grundlage sein sollen für den berufsständischen Staat.

1. Keine gemeinsamen Verbände der Arbeitgeber und Arbeitnehmer. Größere Bedeutung der Arbeitnehmerverbände. Das ursprüngliche Ideal des Schöpfers der fascistischen Gewerkschaften, EDMONDO ROSSONI, war, nicht zwischen Arbeitgeberorganisationen und Arbeitnehmerorganisationen zu unterscheiden, sondern beide in gemischten Verbänden zu vereinigen. Die Verbände sollten sich dann nur nach Wirtschaftszweigen einteilen. Das entsprach ganz dem Grundsatz, daß es nicht zwei sich gegenüberstehende Klassen gibt, sondern viele Berufsstände. — Daher sah auch der von der Regierung dem Parlament vorgelegte Gesetzentwurf die Möglichkeit gemeinsamer Verbände der Arbeitgeber und Arbeitnehmer vor. Es sollten berufsständische Organisationen werden, nicht Klassenverbände. — Nun konnte aber das Vorhandensein verschiedener Interessen von Kapital und Arbeitskraft

[1] Die Gesetzverordnung über den privaten Anstellungsvertrag ist vor dem Arbeitsgesetz erlassen worden.

nicht ganz bestritten werden. Selbst der Fascismus geht nicht weiter, als daß er sagt, daß *letztlich* die Interessen der Unternehmer und der Arbeiter dieselben sind, er gibt aber zu, daß sie sich oft als einander widersprechend darstellen. — Zur Wahrnehmung der verschiedenen Interessen sah daher der Gesetzentwurf innerhalb der gemeinsamen Verbände getrennte Organe und Vertretungen der Arbeitgeber und Arbeitnehmer vor. In der Praxis würde die Selbständigkeit dieser Abteilungen wahrscheinlich sehr groß gewesen sein, da ja die Abteilungen innerhalb eines Verbandes miteinander Tarifverträge hätten abschließen können und müssen, wobei doch auch Konflikte möglich waren. Oder man hätte an Stelle des Tarifvertrages eine Regelung durch Verbandsbeschluß setzen müssen; so weit wollte man aber anscheinend nicht gehen. Die Parlamentskommission, die eine Abänderung des Entwurfes in diesem Punkte vorschlug, sagte daher mit Recht, daß die gemeinsamen Verbände schließlich nichts anderes sein würden als Verbindungs- und Schlichtungsorgane[1].

Es war von vornherein klar, daß die nach dem Gesetz zu bildenden Verbände sich auf den schon bestehenden fascistischen Berufsverbänden aufbauen würden. Diesen war es aber trotz aller Bemühungen nicht gelungen, in weiterem Umfange gemeinsame Verbände zu schaffen. Die Spitzenverbände waren aufgebaut als getrennte Organisationen. In der Landwirtschaft war es zwar geglückt, die beiden Verbände der Arbeitgeber und Arbeitnehmer in einer gemeinsamen „Nationalen Korporation der Landwirtschaft" zusammenzufassen; aber auch hier waren die Gruppen nur zeitweise eng verbunden — nach vielen Zwisten kam es 1924 wieder zu einer scharfen Trennung innerhalb der Korporation[2]. Ganz scharf gegen die gemeinsamen Verbände stellten sich die industriellen Arbeitgeber. Sie hatten zu dieser Einrichtung von vornherein kein rechtes Vertrauen, und haben sich daher den gemeinsam gedachten fascistischen Organisationen nicht angeschlossen[3]. An ihrem Widerstande ist dann auch der Gedanke der gemeinsamen Verbände gescheitert. Die Tatsache des Klassengegensatzes ließ sich eben nicht ohne weiteres aus der Welt schaffen. Obwohl man sich klar darüber war, einen wesentlichen

[1] Disc. giurid. S. 32.
[2] SCHMID: Arbeitgeberorganisationen S. 58.
[3] Ebenda S. 148.

Grundsatz aufzugeben, wurde endlich der Gesetzesvorschlag in dem Sinne abgeändert, daß die anerkannten Verbände nur allein Arbeitgeber oder allein Arbeitnehmer umfassen können. — Als Verbindungs- und Schlichtungsorgane werden staatliche Behörden geschaffen, die korporativen Behörden, von denen weiter unten noch die Rede sein wird.

Es sei bei dieser Gelegenheit darauf hingewiesen, daß die schon bei Erlaß des Arbeitsgesetzes bestehenden fascistischen Berufsverbände nicht alle fascistische Gründungen waren. Rein fascistischen Ursprungs waren die fascistischen Syndikate, die — unter dem Namen Korporationen — Arbeitgeber und Arbeitnehmer vereinigen wollten, aber unter den industriellen Arbeitgebern keine Anhänger fanden[1]. Sie bildeten später die Grundlage für die Arbeitnehmerorganisationen. Fascistische Gründung war ferner der Verband der landwirtschaftlichen Arbeitgeber, der ursprünglich im Rahmen der „Nationalen Korporation der Landwirtschaft" stehend die alte landwirtschaftliche Organisation, die 1918 gegründete Confederazione Generale dell'Agricoltura verdrängt hatte[2]. — Der fascistische Arbeitgeberverband der Industrie hat dagegen erst 1925 das Beiwort „fascista" in seinen Namen aufgenommen. Er bestand schon seit 1910[3].

Als Zusammenschlußerscheinung haben natürlich die Arbeitergewerkschaften eine viel größere Bedeutung als die Arbeitgeberverbände. Jeder industrielle Unternehmer bildet ja schon für sich seinen Arbeitern gegenüber eine planmäßige und stetige Organisation. Er bedarf nicht des Zusammenschlusses mit anderen, um auf die Arbeiter einen Zwang auszuüben, zu welchem er schon allein die ausreichende Macht hat[4]. Arbeitgeberorganisationen entstanden erst als Reaktion gegen die Gewerkschaften. Die Arbeiter dagegen werden durch die Organisation überhaupt erst in die Lage versetzt, auf den Arbeitgeber einen ernstlichen Druck auszuüben. Daraus folgt, daß sich Grundgedanken und Auseinandersetzungen über das italienische Arbeitsgesetz sehr häufig allein auf die Verbandsbildung der Arbeitnehmer beziehen.

---

[1] Dagegen schlossen sich die freien Berufe an. Vgl. unten S. 30.
[2] Schmid: S. 56f.
[3] Schmid: S. 76 und 148; v. Beckerath: S. 126.
[4] So Adolf Weber: S. 42.

Das Gesetz bezeichnet die Arbeitnehmer- und Arbeitgeberverbände mit dem gemeinsamen Namen Sindacati. Da der deutsche Sprachgebrauch bisher keinen gemeinsamen Ausdruck für Arbeitnehmer- und Arbeitgeberverbände hat — Berufsverbände trifft nur ungenau zu —, werde ich im folgenden den Ausdruck Syndikat übernehmen.

2. Die Anerkennung der Berufsverbände als juristische Personen des öffentlichen Rechts. Das wesentliche Neue, das das Arbeitsgesetz für die Syndikate gebracht hat, ist die „Anerkennung". Nur anerkannte Syndikate können Tarifverträge abschließen. Diese Anerkennung ist aber nun nicht etwa eine solche wie in Artikel 165 der Deutschen Reichsverfassung, sondern eine in jedem Einzelfalle für jeden Verband zu erklärende, konstitutiv wirkende Anerkennung, durch die der Verband zu einer staatlichen Einrichtung, zu einer juristischen Person des öffentlichen Rechtes wird. An sich war schon die Erteilung der Rechtsfähigkeit überhaupt etwas Besonderes, insofern als in Italien für die Entstehung der juristischen Personen des Privatrechtes das Konzessionssystem gilt — nur für die Handelsgesellschaften besteht das Normativsystem wie bei uns — und in der Praxis die Rechtsfähigkeit durch Konzession nicht häufig erteilt wird, regelmäßig nur dann, wenn ein besonderes öffentliches Interesse dafür spricht. Die Gewerkschaften hätten daher in der vorfascistischen Zeit, selbst wenn sie es gewollt hätten, wohl kaum Rechtspersönlichkeit erlangen können, da der Staat an den in der Mehrzahl sozialistischen Gewerkschaften, die die bestehende Rechtsordnung bekämpften, kein Interesse hatte. Der Fascismus aber konnte bei seiner Auffassung der Staatsautorität nicht dulden, daß die durch die Entwicklung den Gewerkschaften gegebene Macht in der Hand von Verbänden lag, die rechtlich überhaupt nicht faßbar waren. Sollte die Arbeitsverwaltung und Normensetzung nicht ganz in den Händen der Exekutive liegen, so mußten die sie tragenden Verbände doch jedenfalls innerhalb der Rechtsordnung stehen, juristische Personen sein. Aber auch eine einfache Erteilung der Rechtsfähigkeit nach dem geltenden Rechte konnte nicht genügen. Die Berufsverbände, die in so hohem Maße für das Leben der Nation von Bedeutung sein sollten, mußten in dem Staatsorganismus aufgehen: die Syndikate wurden juristische Personen des öffentlichen Rechts.

Die Bedeutung der Anerkennung geht aus Artikel 5 des Arbeitsgesetzes hervor, der im ersten Abschnitt sagt: „Die gesetzlich anerkannten Verbände haben Rechtspersönlichkeit und vertreten von Rechts wegen alle Arbeitgeber, Arbeiter, Künstler und freien Berufstätigen der Kategorie, für die sie begründet sind, in dem Umkreis des Bezirkes, in dem sie wirken, gleichgültig, ob die Betreffenden als Mitglieder eingeschrieben sind oder nicht." Ihren Ausdruck findet die Vertretung[1] der Gesamtheit der Standesangehörigen insbesondere bei dem Tarifvertrag sowie bei der Benennung von Vertretern in Behörden und für die neue Abgeordnetenkammer.

Durch den Abschluß von Tarifverträgen miteinander können die Syndikate, wie noch ausgeführt werden wird, Rechtsnormen schaffen. Dies ihnen verliehene Recht ist aber auch gleichzeitig eine ihnen auferlegte Pflicht, denn sie haben eben die Aufgabe, die Beziehungen zwischen Kapital und Arbeitskraft zu regeln.

Die anerkannten Syndikate können von allen ihnen unterworfenen Berufsangehörigen einen Beitrag erheben, ebenfalls gleichgültig, ob diese eingeschrieben sind oder nicht. Für die Einziehung dieses Beitrages finden die gesetzlichen Bestimmungen über die Einziehung von Steuern ausdrücklich Anwendung.

Die anerkannten Syndikate sind auf diese Weise zu juristischen Personen des öffentlichen Rechtes gemacht. Alle Kriterien einer solchen sind gegeben. Die anerkannten Syndikate haben Autoritäts- und Herrschaftsrechte und nehmen durch diese an der staatlichen Herrschaftsübung teil[2]. Gewiß haben auch diese Verbände die Aufgabe, die Privatinteressen ihrer Mitglieder wahrzunehmen, aber sie vertreten die Interessen der betreffenden Gruppen im öffentlichen Auftrage und als öffentliche Verwaltung. Sie unterstehen dementsprechend auch, wie noch dargelegt wird[3], in ihrer Verwaltung der staatlichen Aufsicht. Werden die Syndikate auch nicht gerade von Staats wegen geschaffen, so erlangen sie doch ihre eigentliche Wesensart erst durch die staatliche Anerkennung; vor dieser sind sie praktisch und rechtlich bedeutungslose Bildungen. Alle Bedenken, die mit Recht gegen die

---

[1] Über die Bedeutung der „Vertretung" vgl. unten S. 37.

[2] Vgl. dazu Jellinek: Allgemeine Staatslehre S. 392, und Jacobi: Grundlehren des Arbeitsrechts S. 397ff.

[3] S. 33.

bisweilen behauptete Öffentlichrechtlichkeit der deutschen Gewerkschaften vorgebracht werden, entfallen durch die staatliche „Anerkennung“[1]. Auch aus der Natur des von den Gewerkschaften abgeschlossenen Tarifvertrages[2] ergibt sich im Gegensatz zum deutschen Recht die öffentlich-rechtliche Natur der italienischen Syndikate.

3. Voraussetzungen und Verfahren der Anerkennung. Ein Verband, der nach dem Arbeitsgesetz anerkannt werden will, muß drei Bedingungen erfüllen: 1. es muß sich eine Mindestzahl der Betroffenen angeschlossen haben, 2. der Verband muß neben dem Zweck der ahrnehmung der Interessen der Mitglieder auch gewisse moralische Ziele haben, 3. die Leiter müssen politisch zuverlässig sein.

Um eine gewisse Bedeutung des anzuerkennenden Verbandes zu gewährleisten, muß eine Arbeitnehmergewerkschaft mindestens ein Zehntel der Arbeitnehmer der betreffenden Kategorie in dem betreffenden Bezirk als freiwillige Mitglieder haben. Bei den Arbeitgeberverbänden müssen die freiwillig angeschlossenen Arbeitgeber wenigstens ein Zehntel der Arbeitnehmer beschäftigen, die überhaupt in dieser Art Betrieben beschäftigt werden. — Der Bruchteil mag insbesondere bei den Arbeitnehmern gering erscheinen, und es ist auch erwogen worden, ihn zu erhöhen. Die Regierung machte aber geltend: „Der Geist des Zusammenschlusses ist in einigen Teilen Italiens äußerst schwach entwickelt und, wenn man einen höheren Prozentsatz als 10% verlangen würde, dann würde das bedeuten, daß man die syndikale Organisierung in mehr als einer Gegend unmöglich machen würde. Das Gesetz will die syndikale Einordnung aber begünstigen, und so ist es nötig, von einem verhältnismäßig niedrigen Prozentsatz auszugehen, der doch bloß eine Anfangsziffer darstellen soll. Denn wir zweifeln nicht, daß diese Zahl bald überschritten werden wird, wenn nur erst einmal die Anerkennung erteilt ist[3].“ — Diese Erklärung sagt nicht alles. Es ist der Sinn des neuen Gesetzes, daß der Staat die syndikale Organisation begünstigen will, denn durch sie will er ja das Arbeitsproblem lösen. Aber der „Geist des Zusammenschlusses“ fehlt wohl weniger, als in einigen Ge-

[1] Jacobi: a. a. O. S. 398.
[2] Siehe unten Kapitel VII.
[3] Disc. giurid. S. 111.

genden die fascistische Gesinnung der Arbeiter. Auch in diesen Gegenden aber, und gerade da, sollten nur fascistische Verbände anerkannt werden. Da nun, wie wir sehen werden, die Annahme oder Ablehnung eines Antrages auf Anerkennung ganz im Ermessen der Regierung steht, genügt es, wenn in einem Bezirk für eine Berufsart 10% fascistische Arbeiter vorhanden sind und einen Verband begründen, der anerkannt wird — möglicherweise gegen andere umfangreichere aber nicht fascistische Bewerber[1]. — Bei den Arbeitgeberverbänden kann es zweifelhaft sein, ob die Zahl der beschäftigten Arbeitnehmer allein als Kriterium geeignet ist. Möglich wird dadurch, daß ein einzelner Arbeitgeber allein den Verband begründet und eventuell dessen einziges Mitglied bleibt.

Der anzuerkennende Verband muß ferner „außer dem Zwecke des Schutzes der wirtschaftlichen und moralischen Interessen der Mitglieder sich auch die Unterstützung, die Ausbildung und die moralische und nationale Erziehung der Mitglieder zum Ziel setzen". Diese Bestimmung hat wohl in erster Linie selbst nur moralische Bedeutung. Es soll eben den Verbänden der Klassenkampfcharakter möglichst entzogen werden. Arbeitgeber- und Arbeitnehmerverbände haben daher auch in ihren Statuten stets den Satz, daß die moralische und geistige Hebung der Mitglieder erstrebt wird. Eine fruchtbare Tätigkeit entwickeln oft Studienkommissionen, die von Syndikaten eingerichtet werden. So haben z. B. das Nationale Syndikat der technischen Angestellten der Metallindustrie und das Nationale Syndikat der technischen Angestellten des Bergbaues eine Kommission gebildet, die die gemeinsamen wissenschaftlichen Interessen erforschen und entwickeln sollen. Die Arbeitgeberverbände sind ohnehin meist gleichzeitig mit verschiedenen Aufgaben gegenseitiger wirtschaftlicher Hilfe betraut. — Praktische Bedeutung insbesondere für die Beziehungen, die Gegenstand dieser Untersuchung sind, hat dies bloß insoweit, als dadurch ein stärkeres Verbundensein der Mitglieder mit ihrem Verband erzielt wird.

Wichtiger ist die Bedingung, daß die Leiter des Verbandes „die Gewähr der Fähigkeit, guten Führung und zuverlässiger natio-

---

[1] Im Jahre 1911 waren in Italien bei den industriellen Arbeitern 20 %, bei den landwirtschaftlichen 10 % aller Arbeiter gewerkschaftlich organisiert. Demgegenüber erscheint der für die Anerkennung geforderte *Mindest*prozentsatz nicht so niedrig.

naler Gesinnung haben". Fähigkeit und gute Führung sind selbstverständliche Voraussetzungen. Die Gesinnung ist ein dehnbarer Begriff. Es wird zwar hierzu immer betont, „daß nicht die Zugehörigkeit zu dieser oder jener Partei als Kriterium gelten solle, sondern daß es sich um ein nationales Kriterium handele, das über den Parteien stehe, ein Kriterium, das nur diejenigen ausschließe, die sich in Gegensatz zu den Prinzipien stellen, auf denen das Leben der Nation ruht"[1]. Diese Prinzipien aber sind eben die des Fascismus. Auch hier wird sich zeigen und gezeigt haben, daß der Fascismus sich nicht als Partei, als Richtung auffaßt, sondern als *den* nationalen Gedanken. Der Fascismus identifiziert sich mit dem wahren Willen der Nation, ein Anspruch, der aus begreiflichen Gründen in Italien selbst unwidersprochen bleibt. — Die Begriffe „gute Führung" (die auch politisch gemeint sein kann) und „nationale Gesinnung" sind jedenfalls in den Händen einer starken Regierung, wie die fascistische es ist, eine unschätzbare Waffe. Sie bieten stets einen guten Grund, einem unerwünschten Verband die Anerkennung zu verweigern.

Die Anerkennung der Syndikate erfolgt durch Königliche Verordnung, auf Vorschlag des zuständigen Ministers, im Einvernehmen mit dem Minister des Innern. Zuständiger Minister ist der Minister für die Korporationen, dessen Amt durch Königliche Verordnung vom 2. Juli 1926 eingeführt worden ist[2].

Den Antrag auf Anerkennung reicht der Verband bei dem Korporationsministerium als dem vorschlagsberechtigten ein. Ihm sind beizufügen das Statut, ein Bericht über Entstehung und bisherige Tätigkeit des Verbandes, ein Verzeichnis der Mitglieder und der mit Ämtern betrauten Personen.

Ein Teil des Inhaltes der Statuten ist durch die Ausführungsverordnung vorgeschrieben. Es sind die Angaben, die regelmäßig in dem Statut einer juristischen Person erforderlich sind: Zwecke des Verbandes, das Gebiet, für den er begründet wird, der Sitz der Verwaltung, Zulassungs- und Ausschlußbedingungen für die Mitglieder, einige Regeln über die finanzielle Verwaltung, über den Vorstand, seine Wahl und seine Funktionen, endlich die Beziehungen, die der Verband zu anderen über- oder unter-

---

[1] Disc. giurid. S. 112, 113.

[2] Vgl. unten S. 34. Bisher war Minister der Korporationen ständig Mussolini selbst.

geordneten Verbänden hat. An Zulassungsbedingungen bestimmt die Ausführungsverordnung selbst, daß die italienischen Bürger beiderlei Geschlechts über 18 Jahren Mitglieder werden können, wenn sie sich moralisch und politisch gut geführt haben — vom nationalen Standpunkt gesehen. Hier gilt natürlich das gleiche wie für die politische Zuverlässigkeit der Verbandsleiter: ein Kriterium, das durch die Identifizierung von Partei und Nation ein parteiliches Kriterium wird.

Ein Verband, der die gesetzlich bestimmten Voraussetzungen erfüllt, *kann* anerkannt werden. Er *muß nicht* anerkannt werden. Die Voraussetzungen sind unerläßliche Bedingungen, ihre Erfüllung gibt aber kein Recht auf Anerkennung[1]. Auch muß nicht für jeden Beruf in jedem Bezirk ein Syndikat bestehen.

Die Lage ist also die: Wenn die Regierung wünscht, daß ein Syndikat gebildet werde, dann kann sie das auf dem Umwege über die Partei veranlassen, wenn nur 10% der betreffenden Berufsangehörigen fascistisch gesinnt sind. Die Anerkennung eines unerwünschten Syndikates kann die Regierung ohne Angabe von Gründen verweigern.

4. Die Folgen aus der öffentlich-rechtlichen Natur der Syndikate. Aus der Natur der Syndikate als öffentlich-rechtliche Standesvertretung folgt zunächst, daß für einen Beruf in einem territorialen Bezirk nur ein Verband anerkannt werden kann, wie Artikel 6 des Arbeitsgesetzes bestimmt.

Die Denkschrift des Parlamentsausschusses bezeichnet diese Bestimmung als Ausdruck eines der wichtigsten Grundgedanken des Arbeitsgesetzes[2]. Eine Mehrheit von Syndikaten kann dem Interesse des zu vertretenden Standes nur schaden. Die eine Gewerkschaft will der anderen Konkurrenz machen und, um die besten Erfolge vorzeigen zu können, treibt sie eine unsinnige Lohnpolitik, die gar nicht den Interessen der Arbeiter entsprechen kann, da sie notwendig zu Preissteigerungen führt, und der Erfolg schließlich nur ein Schaden der Wirtschaft und damit der Arbeiter selbst ist. „Und in Wahrheit", heißt es in der Rede des Senators SCHANZER[3], „ist das Berufsinteresse, das Standesinteresse, doch

[1] So CIOFFI: S. 57.
[2] Disc. giurid. S. 15.
[3] Disc. giurid. S. 170.

ein einheitliches; es wäre nicht zu verstehen, wenn dieses Interesse mehrere Vertretungen hätte."

Auch hier sanktionierte das Gesetz nur einen schon bestehenden Zustand. Die seit 1921 sich entwickelnden, von ROSSONI begründeten und geleiteten fascistischen Gewerkschaften hatten in ihrem Kampf gegen die sozialistischen Gewerkschaften (die christlichen Gewerkschaften waren nie sehr bedeutend) langsam die Oberhand gewonnen und unter der nachdrücklichen Unterstützung der fascistischen Regierung im Jahre 1925 eine solche Bedeutung bekommen, daß die Confederazione dell'Industria, der Gesamtverband der industriellen Arbeitgeber[1], mit ihnen in Verhandlungen eintrat. Es kam zu dem Vertrag vom Palazzo Vidoni vom 2. Oktober 1925, der folgenden Wortlaut hatte:

„1. Der Gesamtverband der Industrie erkennt den Gesamtverband der Fascistischen Korporationen und die von demselben abhängigen Organisationen als die ausschließliche Vertretung des Arbeiterstandes an.

2. Der Gesamtverband der Fascistischen Korporationen erkennt den Gesamtverband der Industrie und die von demselben abhängigen Organisationen als die ausschließliche Vertretung der Industriellen an.

3. Alle vertraglichen Beziehungen zwischen Industriellen und Arbeiterschaft werden erledigt von den Organisationen, die von den genannten Verbänden abhängen.

4. In der Folge werden die Betriebsräte abgeschafft und ihre Befugnisse dem örtlichen Syndikat übertragen, das sie nur gegenüber der entsprechenden industriellen Organisation ausübt."

Damit waren also alle anderen Organisationen kaltgestellt. — Die noch bestehenden konkurrierenden Gewerkschaften wurden auch sonst mit allen Mitteln unterdrückt.

Jede gewerkschaftliche Bewegung strebt ja an sich ein Monopol an, weil sie erst dadurch die volle Stoßkraft bekommt. Wir haben gerade in Deutschland das Schauspiel, daß die drei führenden Gewerkschaftsverbände mit allen Mitteln ihnen fernstehende andere Organisationen bekämpfen. So hat natürlich auch die fascistische Gewerkschaftsbewegung ein Monopol erstrebt — und erreicht. Dieses tatsächliche Monopol der freien fascistischen

[1] Der selbst gerade damals fascistisch wurde. Vgl. oben S. 17.

Gewerkschaften konnte bei der Identifizierung von Staat und Fascismus leicht in ein rechtliches Monopol der staatlichen Gewerkschaften übergeleitet werden.

Zwei weitere Bestimmungen hätten nun eigentlich aus der Öffentlichrechtlichkeit und der Einzigkeit der anerkannten Syndikate folgen müssen: das Verbot von anderen freien Berufsverbänden mit gleichen Zielen und der obligatorische Beitritt zu dem anerkannten Verband. Beides ist nicht geschehen, in erster Linie, weil man die „libertà sindacale", die gewerkschaftliche Vereinigungsfreiheit, äußerlich bestehen lassen wollte.

Das Fortbestehen der nicht anerkannten Verbände ist sogar im Gesetz ausdrücklich zugesichert, denn Artikel 12 des Arbeitsgesetzes sagt: „Die Verbände von Arbeitgebern, Arbeitern, Künstlern und freien Berufen, die nicht gesetzlich anerkannt sind, bestehen nach Maßgabe der geltenden Gesetze als ‚de-facto-Verbände' fort, ausgenommen für die Berufe, für die Syndikate überhaupt unzulässig sind. Die Bestimmungen der Gesetzverordnung vom 24. Januar 1924 finden Anwendung." Letzteres ist die Norm, nach der bis zum Arbeitsgesetz eine Handhabe gegen unerwünschte Vereinigungen gegeben war. Damit können also die freien Verbände, deren Tätigkeit irgendwie bedenklich ist, sofort unterdrückt werden. Im übrigen ist aber von den freien Verbänden nichts zu befürchten. Irgendeine praktische Tätigkeit können sie nicht entfalten, da ihnen das Wichtigste, der Tarifvertrag, entzogen ist. In der Tat bestehen keine solchen Verbände, es sei denn im geheimen. Allenfalls könnte man als freie Verbände ansehen einen katholischen Arbeiterverein, der rein religiöse Ziele hat, und einen politischen Verein in Mailand, in dem sich ehemalige Sozialdemokraten zusammengefunden haben. Dieser letztere wird natürlich streng überwacht. — Den Mitgliedern der anerkannten Syndikate ist die Mitgliedschaft an freien Verbänden verboten.

Während man aber die Zulassung freier Verbände neben den anerkannten Syndikaten als unwichtig hinnehmen kann, erscheint es vom juristischen und auch vom politischen Standpunkt unbefriedigend, wenn der Beitritt zu den anerkannten Syndikaten nicht obligatorisch ist. Eine öffentlich-rechtliche Standesvertretung, die die Gesamtheit der Berufsangehörigen von Rechts wegen vertritt, bringt es meines Erachtens mit sich, daß man eo ipso, wenn man einen Beruf ausübt, Mitglied des entsprechenden Verbandes ist. Einer der führenden fascistischen Theoretiker, SERGIO PANNUNZIO, hat sich ebenso ausgesprochen (vor dem Erlaß des Gesetzes): „Jeder Bürger muß aus der Tatsache allein, daß er geboren wird, in einer bestimmten Gemeinde eingetragen sein. Das wird durch gesetzliche Bestimmungen, notfalls Strafen, erzwungen. Nun, wie man nicht zuläßt, daß ein Bürger ‚Apolide' ist, d. h. also nirgends Bürgerrecht hat, so lasse man nicht zu, daß ein Berufstätiger nicht einem Syndikat angehört[1]." Allerdings müßte dann ja auch die Einrichtung eines Syndikates für jeden Beruf obligatorisch sein, was nicht der Fall ist.

Das Arbeitsgesetz hat den Beitritt nicht obligatorisch gemacht. Es mag dabei auch die Befürchtung mitgespielt haben, durch eine Beitrittspflicht ein gewisses Recht auf Beitritt zu begründen. Gewiß könnte man auch dann noch den zurückweisen, dessen Führung vom nationalen Standpunkt betrachtet politisch und moralisch nicht einwandfrei ist. Aber diese Bestimmung dürfte man dann nicht sehr weit auslegen, denn mehr als einen gewissen Prozentsatz könnte man bei grundsätzlich obligatorischem Beitritt nicht abweisen. Bei freiem Beitritt aber wird schon dadurch, daß die Praxis der Aufnahme bekannt wird, erreicht, daß sich diejenigen nicht melden, die unerwünscht sind.

Für den Fall, daß es erwünscht ist, daß mehr oder alle dem Syndikat beitreten, sind den Arbeitnehmern gegenüber andere Mittel gegeben. Es heißt in der Carta del Lavoro: „Die Arbeitgeber haben die Verpflichtung, ihre Arbeitnehmer durch Vermittlung der von den korporativen Behörden eingerichteten Stellenvermittlungen zu suchen. *Sie haben bei ihrer Auswahl aus den dort eingetragenen Bewerbern diejenigen zu bevorzugen, die der Partei und den fascistischen Syndikaten angehören.*" Ein nicht zu einem Syndikat gehörender Arbeitsuchender findet also unter Umständen keine Stellung. — Von der Bestimmung der Carta del Lavoro wird nun, soweit ich beobachten konnte, manchmal in hohem Maße und unter *weitester* Auslegung Gebrauch gemacht. — Bezeichnend dafür ist folgende Notiz in der Tageszeitung „Il Lavoro d'Italia" vom 28. Juni 1928:

„Das Provinzialbureau für Tarent des Nationalen Gesamtverbandes Fascistischer Gewerkschaften veröffentlicht:

---

[1] PANNUNZIO, S. 115.

Alle die Metallarbeiter und Mechaniker in kleinen Betrieben in Tarent, die nicht in die fascistischen Syndikate eingetragen sind, werden gebeten, dies bis zum 31. Juli für das Jahr 1928 zu erledigen.

Wenn nach diesem Tage noch nichteingeschriebenes Personal festgestellt wird, wird die Carta del Lavoro Anwendung finden, indem arbeitslose Eingeschriebene an die Stellen der beschäftigten Nichteingeschriebenen gesetzt werden."

So ist zwar die juristische Lücke nicht ausgefüllt. Soweit aber ein tatsächliches Bedürfnis für einen Beitrittszwang besteht, kann ein solcher ausgeübt werden und wird auch ausgeübt.

5. Besonderheiten und Ausnahmefälle. Außer den Syndikaten von Arbeitgebern und Arbeitnehmern gibt es auch solche von Künstlern und freien Berufen. Bei diesen kann von Beziehungen zwischen Kapital und Arbeitskraft nicht die Rede sein. Das Arbeitsgesetz, das an sich diese Beziehungen regeln will, hat aber auch das weitere Ziel, den berufstätigen Menschen als solchen in das Staatsleben einzuordnen und das Staatsleben auf dem Berufsleben des Volkes aufzubauen. Insbesondere sind in dem Arbeitsgesetz bereits die Ansätze zu einem berufsständischen Parlament gegeben. Für ein solches müßte aber zunächst das ganze berufstätige Volk organisiert sein, und dazu erschien die syndikale Einordnung als der beste Weg. Aus diesem Grunde können auch von den freien Berufen Syndikate gebildet werden, — die uns aber im übrigen hier nicht interessieren.

Die Bauern, die ihr Land selbst und mit Hilfe ihrer Familie bewirtschaften, die Handwerker, kleinen Kaufleute, Agenten, beschäftigen in der Regel keine fremden Arbeitskräfte oder doch nur wenige. Sie sollen sich daher in besonderen Verbänden organisieren. Wenn sich das Bedürfnis ergibt, können natürlich auch diese Verbände eine kollektive Regelung der entsprechenden Arbeitsverhältnisse übernehmen.

Einen Grenzfall bildet das Verhältnis zwischen den landwirtschaftlichen Grundbesitzern und den Halbpächtern. Der Halbpächter ist in seinem Verhältnis zu dem Grundbesitzer einerseits eine Art Arbeitnehmer, ohne daß er einen eigentlichen Arbeitsvertrag abschließt, denn er hat die Arbeitskraft und kein Kapital, während der Grundbesitzer das Kapital ohne die entsprechende Arbeitskraft hat und auch ein Risiko übernimmt, da der Pachtzins nach dem Ertrag bestimmt wird. Andererseits ist der Halbpächter eine Art Unternehmer, da er bei seiner Arbeit in hohem Maße selbst ein Risiko übernimmt, weit mehr als beim Werkvertrag oder bei Akkordlohn. — Kollektive Verträge können jedenfalls auch hier am Platze sein. Es ist daher bestimmt, daß die Eigentümer verpachteter landwirtschaftlicher Grundstücke Mitglieder der Verbände landwirtschaftlicher Arbeitgeber werden können — in diesen Verbänden allerdings getrennte Sektionen bilden sollen. Die Halbpächter können sich in eigenen Verbänden zusammenschließen.

In getrennten Verbänden sollen sich die Angestellten in leitender Stellung zusammenschließen, weil ihr Verhältnis zum Unternehmer ein gänzlich anderes ist als das aller anderen Arbeitnehmer. Auch sollen Geistes- und Handarbeiter nicht in den gleichen Verbänden vereinigt sein.

Die Beziehungen zwischen dem Staat und den Gemeinden einerseits und deren Beamten und Angestellten andererseits sind ganz andere als die zwischen Kapital und Arbeitskraft. Zwar sind auch hier Arbeitgeber und Arbeitnehmer, aber dieses Arbeitsverhältnis dient nicht der wirtschaftlichen Ausnutzung eines Kapitals und einer Arbeitskraft, es dient nicht der Produktion, sondern es dient dem Sein und Wirken des über der Wirtschaft stehenden Staates. Der Beamte soll sich mit dem Leben des Staates verwachsen fühlen — er arbeitet aus moralischer Pflicht. Der Staat andererseits zahlt dem Beamten nicht, was die Arbeit desselben wirtschaftlich wert ist, sondern er verschafft ihm nur den notwendigen standesgemäßen Unterhalt. Eine Interessenvertretung gegenüber dem Staat oder den Gemeinden kann nach fascistischer Auffassung dem Beamten schon deshalb nicht gegeben werden, weil seine Verhältnisse schon an sich durch den Staat geregelt werden, dazu besondere Verbände also überflüssig sind. Ebensowenig können natürlich die staatlichen Verwaltungen oder die Gemeinden einem Arbeitgebersyndikat angehören. Es wäre ja auch sinnlos, wenn der Staat einer Interessenvertretung angehören würde, die er selbst überwacht. Den Beamten und Angestellten des Staates und der Gemeinden ist also die Bildung von syndikalen Verbänden oder die Zugehörigkeit zu anerkannten oder nichtanerkannten Verbänden verboten. Den Angehörigen der bewaffneten Macht, den Beamten des Richterstandes, den Lehrern an den Hochschulen und den von dem Innenministerium, dem Außenministerium und dem Kolonialministerium abhängigen Beamten ist überhaupt jede Verbandsbildung untersagt. Die übrigen staatlichen und kommunalen Beamten und Angestellten können sogenannte autorisierte Verbände bilden, die aber keinen syndikalen Charakter tragen, nicht juristische Personen sind und nur ideale Ziele haben dürfen. Irgendein Einfluß auf die Gestaltung des Arbeitsverhältnisses ist ihnen nicht gegeben.

6. Übergeordnete und untergeordnete Verbände. Nach dem Gesetz können syndikale Verbände für den Umfang einer Gemeinde, einer Provinz, einer Region und für das ganze Königreich anerkannt werden[1].

Unter den gleichen Bedingungen wie die Syndikate können auch Verbände von mehreren Syndikaten (Föderationen) und Gesamtverbände von mehreren Verbänden (Konföderationen) anerkannt werden. Auch für diese übergeordneten Verbände gilt die Einzigkeit — sie sind juristische Personen des öffentlichen Rechts wie die ihnen angeschlossenen Syndikate.

Es bestehen nun im ganzen dreizehn Konföderationen: sechs für die Arbeitgeber, sechs für die Arbeitnehmer und eine für die freien Berufe[2].

---

[1] Eine Provinz ist in Italien ein staatlicher Verwaltungsbezirk und gleichzeitig Selbstverwaltungskörper. Leiter ist der Präfekt. Die Bedeutung des Selbstverwaltungsorgans ist gering. Eine Provinz entspricht in ihrem Umfange ungefähr einem preußischen Regierungsbezirk. Italien hat 76 Provinzen. — Eine Region ist ein staatlicher Verwaltungsbezirk, der etwa 3—5 Provinzen umfaßt.

[2] Interessant ist die Zahl von Abgeordneten, die jeder Verband für das neue Parlament vorschlagen kann:

Nationalverband	der Landwirtschaft	12
„	der Industrie	10
„	des Handels	6
„	des Luft- und Seetransportverkehrs	5
„	des binnenländischen Transportverkehrs	4
„	der Banken	3
„	der landwirtschaftlichen Arbeitnehmer	12
„	der industriellen Arbeitnehmer	10
„	der kaufmännischen Arbeitnehmer	6
„	der Arbeitnehmer im Luft- und Seetransportverkehr	5
„	der Arbeitnehmer im binnenländ. Transportverkehr	4
„	der Arbeitnehmer in Bankbetrieben	3
„	der freien Berufe	20

Die Verbände der Arbeitnehmer und der freien Berufe waren zuerst in einem gemeinsamen Spitzenverband zusammengefaßt — jenem Verband, der anfangs das Bestreben hatte, alle Organisationen, auch der Arbeitgeber, zu umfassen. Die bei Schaffung des Gesetzes bestehende Zusammenfassung der Arbeitnehmer und freien Berufe ließ man noch nach dem Gesetz bis 1928 bestehen, dann wurde die gemeinsame Spitzenorganisation aufgelöst.

Jetzt entspricht also jedem Arbeitgeberspitzenverband ein Arbeitnehmerspitzenverband. Der Spitzenverband der freien Berufe interessiert hier nicht, da er für das eigentliche Arbeitsverhältnis keine Rolle spielt.

Die sechs Produktionsgruppen, die durch die je sechs Konföderationen der Arbeitgeber und Arbeitnehmer vertreten werden sollen, sind: Landwirtschaft, Industrie, Handel, Banken, See- und Luftverkehr, binnenländischer Verkehr.

Jede Konföderation, ausgenommen die der landwirtschaftlichen Arbeitgeber, ist nun weiter eingeteilt in nationale Föderationen, die den einzelnen Fachgruppen entsprechen und bei den Arbeitnehmern auch für Arbeiter und Angestellte getrennt sind. Diese Einteilung ist natürlich am vielfältigsten bei der Industrie, wo die Arbeitgeber 45 und die Arbeitnehmer 48 nationale Fachverbände haben.

Den nationalen Fachverbänden entsprechen nun in den Provinzen, soweit dafür ein Bedürfnis vorliegt, die eigentlichen Syndikate, die teilweise sogar noch weiter spezialisiert sind. Bei den Arbeitnehmern sind zum Zwecke der persönlichen Erfassung aller einzelnen die provinzialen Syndikate besonders ausgebildet, sie haben örtliche Sektionen, die aber selbst keine Rechtspersönlichkeit haben.

Praktisch haben aber die provinzialen Organisationen keine sehr große Bedeutung. Die Gesamtverbände haben in den Provinzen ihre Bureaus. Diese Bureaus erledigen natürlich in der Regel auch die Arbeiten der vielen kleinen provinzialen Syndikate (in den einzelnen Provinzen können es 70—80 sein) und haben auch den gemeinsamen Versammlungsort derselben. In Wirklichkeit sind die Syndikate demnach nur organisatorische Einteilungen des Gesamtverbandes. Bedeutung haben sie dadurch, daß aus ihnen die Vertreter der einzelnen Fachgruppen herauswachsen. Verwaltungsmäßig spielen sie gar keine Rolle — es würde auch ganz unmöglich sein, wenn jedes Syndikat sich selbst verwalten wollte.

Bei den Arbeitgebern ist die Selbständigkeit der untergeordneten Verbände praktisch größer.

Den Gesamtverbänden sind außerdem durch Statuten wichtige Befugnisse gegenüber den angeschlossenen Verbänden übertragen. Auch hat die Regierung durch die Anerkennungsverordnungen den Gesamtverbänden einen Teil der gesetzlichen Staatsaufsicht übertragen. Der Gesamtverband kann danach zunächst jederzeit Einsicht in die Akten der untergeordneten Verbände nehmen und deren Tätigkeit untersuchen. Erfüllt ein Syndikat die ihm obliegenden Verpflichtungen nicht, so kann der Gesamtverband die notwendigen Handlungen an seiner Stelle vornehmen. — Die Bilanz, wichtige finanzielle Aktionen und die Regelung betreffend die Funktionäre bedürfen der Zustimmung durch den Gesamtverband. — Insbesondere aber können die untergeordneten Verbände ohne Zustimmung des Gesamtverbandes keinen Tarifvertrag abschließen und keine Klage vor den Arbeitsgerichten anstrengen, — wozu sie ja an sich als juristische Personen berechtigt sind. In jedem Stadium der Verhandlungen kann der Gesamtverband selbst eingreifen. Die gesetzlichen Bestimmungen lassen ausdrücklich zu, daß Tarifverträge unter dem Vorbehalt der Zustimmung des zuständigen Organs abgeschlossen werden und die Wirksamkeit bis zur Erteilung der Zustimmung aufschiebend bedingt ist. Auch bestimmt das Gesetz, daß ohne Zustimmung abgeschlossene Tarifverträge anfechtbar sind. Da das Statut als öffentlich-rechtliche Norm gilt, würde eine ohne die erforderliche Zustimmung erhobene Klage von Amts wegen abzulehnen sein.

Es kommt nun noch hinzu, daß die Gesamtverbände einen erheblichen Einfluß auf die Auswahl der Leiter der einzelnen Unterverbände haben.

7. Die Organisation der Arbeitnehmerverbände. Die Arbeitnehmerverbände sind ziemlich einheitlich organisiert, was sich schon daraus erklärt, daß sie unter der Leitung des Führers Rossoni alle aus den gleichen Gesichtspunkten entstanden sind und auch zunächst in einem gemeinsamen Verbande zusammengeschlossen waren.

Jeder syndikale Verband hat als Organe: den Kongreß, das Direktorium und den Sekretär.

Der Kongreß der provinzialen Syndikate besteht aus den von den einzelnen Sektionen entsandten Vertretern. Das Direktorium ist ein Ausschuß des Kongresses. Der Sekretär als der eigentliche verantwortliche Leiter wird vom Kongreß gewählt, seine Wahl muß aber durch den Präsidenten des Gesamtverbandes und durch den Korporationsminister genehmigt werden.

Der Kongreß des nationalen Fachverbandes wird von den provinzialen Syndikaten gewählt. Der Sekretär bedarf der Bestätigung durch den Präsidenten des Gesamtverbandes und durch Königliche Verordnung.

Der Kongreß des Gesamtverbandes wird gebildet aus den Sekretären der Syndikate und der nationalen Fachverbände sowie den Vertretern etwa angeschlossener anderer Organisationen. Er tritt regelmäßig alle drei Jahre zusammen, beschließt über die Fragen von größerer Bedeutung, genehmigt den Tätigkeitsbericht und die Bilanz und ernennt Revisoren. Er wählt den Präsidenten.

Das Direktorium des Gesamtverbandes wird von den Sekretären der nationalen Fachverbände und einem Vertreter des Verbandes der Kriegsverletzten gebildet. Ihm liegt die Ausführung der Beschlüsse des Kongresses, die Durchführung der Aufgaben der Organisation schlechthin und die Aufsicht über die abhängigen Verbände ob.

Der vom Kongreß gewählte Präsident muß durch Königliche Verordnung bestätigt werden. Er ist der verantwortliche Vertreter und Leiter der gesamten Organisation.

Aus diesem Überblick geht hervor, daß kein Leiter eines Syndikates seinen Posten erhält, ohne daß die Regierung und die Leitung des Gesamtverbandes zugestimmt haben. In dem Kongreß des Gesamtverbandes ist dadurch niemand als Mitglied, der diese Stellung nicht unter Zustimmung der obersten Leitung bekommen hätte, da, wie gesagt, nicht besondere Delegierte, sondern die Sekretäre den Kongreß bilden.

Der Einfluß, den die Wahlen haben können, ist gegenwärtig natürlich auf das mindeste herabgedrückt. Es versteht sich, daß es Voraussetzung auch bei der Wahl des untersten Sektionsvertreters ist, daß man zur fascistischen Partei gehört. In der Tat wird dann bei der Wahl gesagt: Es soll jetzt der X gewählt werden — abgestimmt wird: ja oder nein. Ob dann noch ein weiterer Druck ausgeübt wird, läßt sich nicht feststellen.

8. Die Organisation der Arbeitgeberverbände. In den Arbeitgeberverbänden ist es zunächst bemerkenswert, daß das Stimmrecht der einzelnen Arbeitgeber und das der Syndikate in den übergeordneten Verbänden davon abhängt, wieviel Arbeitnehmer von dem einzelnen bzw. von den Angehörigen des Syndikates abhängen. Für je 1000 — 10000 — 50000 abhängige Arbeitnehmer eine Stimme.

Die Organisation der einzelnen Verbände ist in den wesentlichen Punkten ähnlich wie bei den Arbeitnehmern. Auch hier ist dafür gesorgt, daß in der Hauptversammlung nur solche Vertreter sitzen, die von der Regierung ihre Bestätigung haben. Es ist wohl anzunehmen, daß praktisch die Arbeitgeber etwas unabhängiger geblieben sind als die Arbeiter. In diese Seite der Organisation einen Einblick zu bekommen, dürfte ausgeschlossen sein.

9. Der direkte Einfluß des Staates auf die Verbände. Es ist durch die übergeordneten Verbände eine indirekte staatliche Kontrolle der Syndikate gegeben. Bei der Genehmigung der leitenden Stellen wirkt die Regierung bis in die untersten Verbände selbst mit.

Darüber hinausgehend gibt es aber noch eine direkte Eingriffsmöglichkeit, die das neugeschaffene Korporationsministerium ausüben kann. Der Korporationsminister kann nämlich den Verwaltungsrat auflösen und alle Befugnisse in der Hand des Präsidenten vereinigen. Er kann ferner die ganze Verwaltung eines Syndikates oder eines übergeordneten Verbandes einem Kommissar übertragen. In schweren Fällen, insbesondere wenn etwa die Voraussetzungen für die Anerkennung nachträglich wegfallen, kann die Anerkennung auf dem gleichen Wege, auf dem sie erteilt wurde, also durch Königliche Verordnung, wieder zurückgenommen werden.

Diese einschneidenden Maßnahmen sind natürlich Möglichkeiten, die im allgemeinen nicht angewandt werden dürfen, wenn sich das arbeitsrechtliche Leben ruhig und sicher entwickeln soll. Die praktisch größere Bedeutung hat daher die indirekte Kontrolle durch die Gesamtverbände. Immerhin sind schon Fälle der kommissarischen Verwaltung vorgekommen. Die wirklichen Gründe dafür werden aber mehr oder weniger verschleiert.

V. Die arbeitsrechtlichen Behörden „Korporationen".

Es wäre nach der Bestimmung des Gesetzes möglich gewesen, Arbeitgeber und Arbeitnehmer wenigstens in den übergeordneten Verbänden zu vereinigen — ebenso wie ja auch Geistes- und Handarbeiter gemeinsame übergeordnete Verbände haben[1]. Aber auch das haben die Anhänger der gemeinsamen Verbände nicht erreichen können. Ein Ersatz dafür sollten die staatlichen Behörden werden, die als Verbindungsorgane die Syndikate vereinigen. Unmittelbar im Anschluß an die Bestimmung, daß die Syndikate allein Arbeitgeber oder allein Arbeitnehmer umfassen können, heißt es im gleichen Artikel des Arbeitsgesetzes: „Die Verbände von Arbeitgebern und die von Arbeitnehmern können vereinigt werden durch zentrale Verbindungsorgane mit einem gemeinsamen höheren Behördenaufbau, wobei aber die getrennte Vertretung der Arbeitgeber und Arbeitnehmer und, wenn die Syndikate mehrere Arten von Arbeitern umfassen, auch die getrennte Vertretung jeder Kategorie bestehen bleibt." Dazu bestimmt die Ausführungsverordnung, daß in einem solchen Falle die vereinigten Syndikate getrennt als juristische Personen bestehen bleiben, die Verbindungsorgane aber keine juristischen Personen sind, sondern staatliche Behörden, die durch Verordnung des Ministers der Korporationen eingerichtet werden. Die Korporationen — man hat diesen Behörden den Namen gegeben, den früher die gemeinsamen Syndikate haben sollten — werden für das ganze Königreich nach Produktionsgruppen eingerichtet, so daß es wahrscheinlich sechs Korporationen entsprechend den je sechs Spitzenverbänden auf beiden Seiten und vielleicht noch eine siebente Korporation für die freien Berufe geben wird.

Vorläufig sind noch keine Korporationen eingerichtet worden. Es besteht nur die gemeinsame übergeordnete Behörde, das Ministerium der Korporationen, das die höchste korporative Behörde sein würde. Schon jetzt übernimmt es eine der Aufgaben der Korporationen, nämlich die Schlichtung von Streitigkeiten unter syndikalen Verbänden, in großem Umfange. Nach der Ausführungsverordnung sollen die Korporationen unter anderem die

---

[1] Vgl. oben S. 28.

Befugnisse haben: a) Streitigkeiten zwischen den verbundenen Syndikaten zu schlichten, b) Bestrebungen zur besseren Anordnung und Organisation in der Wirtschaft anzuregen und zu fördern, c) Stellenvermittlungen einzurichten, d) das Lehrlingswesen zu regeln. — Die Syndikate bleiben ausdrücklich bei dem Abschluß von Tarifverträgen unabhängig. Die Korporationen haben aber die Befugnis, Anordnungen zu erlassen, die allgemeine Normen über das Arbeitsverhältnis enthalten.

Es soll zur Zeit — September 1929 — ein Gesetzesvorschlag vorgelegt werden, nach dem die korporativen Behörden gebildet werden sollen im Rahmen eines „Nationalrates der Korporationen". Dieser soll gebildet werden aus den Vertretern der Spitzenverbände, einigen hohen Beamten der interessierten Ressorts und den Vertretern einiger anderer fascistischer Organisationen, insbesondere auch dem Sekretär der fascistischen Partei. — Es läßt sich natürlich noch nichts darüber sagen, wie das neue Institut sich auswirken wird.

Bemerkt sei noch, daß bereits seit 1927 in den Provinzen intersyndikale Komitees bestehen, und im Juli 1929 auch ein Zentralkomitee dieser Art zusammengetreten ist. Diese Einrichtung soll angeblich das Zusammenarbeiten der Syndikate erleichtern.

VI. Keine Betriebsräte.

Durch den Vertrag vom Palazzo Vidoni[1] vom 2. Oktober 1925 waren die Betriebsräte abgeschafft worden. Das Arbeitsgesetz hat sie nicht wieder eingeführt. Da sie aber auch nicht ausdrücklich verboten waren, ist von Arbeitnehmerseite, insbesondere von der Zeitung der Arbeitnehmersyndikate „Il Lavoro Fascista", Anfang 1929 die Frage neu aufgeworfen worden. Die Arbeitgeber lehnten die Einführung der Betriebsräte ab. Das intersyndikale Zentralkomitee hat nun durch eine Resolution, die von Mussolini ausging, die Betriebsräte verworfen und damit die Frage wohl endgültig entschieden. Die Resolution lautet:

„Das Comitato Intersindacale centrale hat die Einrichtung und die Anerkennung der Betriebsräte geprüft und sie sowohl prinzipiell als auch de facto verworfen. Um persönliche Streitfälle zwischen

---

[1] Siehe oben S. 24.

Arbeitgebern und Arbeitnehmern so rasch wie möglich aus der Welt zu schaffen, ist die Einrichtung von Betriebsräten nicht erforderlich. Es genügt, wenn die Gewerkschaften einen ständigen Ausschuß ernennen, welcher bei derartigen Streitfällen die Vertretung der Arbeitnehmerinteressen übernimmt. Die Mitglieder dieser Ausschüsse dürfen aber nicht bei der Schlichtung von Streitfällen mitwirken, wenn sie dem betreffenden Betrieb angehören, für den die Schlichtung eines Streitfalles erfolgen soll[1]."

VII. Tarifvertrag.

1. Der von den anerkannten Verbänden abgeschlossene Tarifvertrag als zwingende Rechtsnorm. Nachdem die Syndikate Einrichtungen des öffentlichen Rechts geworden waren, ergaben sich die Folgen für die tarifvertragliche Regelung der Arbeitsbeziehungen von selbst. Der Tarifvertrag wurde zur Rechtsnorm.

Das Gesetz bestimmt: Die von den anerkannten Syndikaten abgeschlossenen Tarifverträge — contratti collettivi — haben Wirkung für alle Arbeitgeber, Arbeitnehmer und freien Berufsangehörigen der Kategorie, auf die der Vertrag sich bezieht und die von den Verbänden von Rechts wegen vertreten wird. Die Einzelarbeitsverträge müssen in Übereinstimmung mit dem Tarifvertrag stehen; die vom Tarifvertrag abweichenden Bestimmungen der Einzelverträge werden von Rechts wegen durch die Bestimmungen des Tarifvertrages ersetzt, es sei denn, daß sie für den Arbeitnehmer günstiger sind. Die gleiche Wirkung haben die Tarifverträge gegenüber einer etwa bestehenden Fabrikordnung. — Die Arbeitgeber oder Arbeitnehmer, die einen Tarifvertrag nicht erfüllen, sind den Verbänden dafür zivilrechtlich haftbar. — Die Verbände, die den Tarifvertrag abgeschlossen haben, haften ihrerseits für die Erfüllung durch die ihnen unterworfenen Arbeitgeber oder Arbeitnehmer, soweit es in ihrer Macht steht, dieselben zur Erfüllung anzuhalten. Insbesondere sind sie verpflichtet, auf die eingeschriebenen Mitglieder mit allen ihnen zur Verfügung stehenden Mitteln für die Erfüllung des Tarifvertrages zu wirken.

Aus diesen Bestimmungen geht zunächst einmal hervor, daß es keine Tarifverträge gibt, bei denen auf der Arbeitgeberseite

[1] Deutsche Bergwerkszeitung, 14. September 1929.

nur ein einzelner Unternehmer Tarifpartei ist. Auch die selbstverständlich vorkommenden Firmentarife müssen durch den zuständigen Arbeitgeberverband gehen.

Die Wirkung des Tarifvertrages für alle von den Syndikaten Vertretenen ist nun *nicht* eine Folge zivilrechtlicher Vertretung. Zwar vertreten die anerkannten Verbände nach Artikel 5 des Arbeitsgesetzes alle Angehörigen des betreffenden Standes von Rechts wegen[1]. Diese Vertretung ist aber nicht eine zivilrechtliche Vertretung der einzelnen. Zu dieser Annahme könnte zwar das Wort „alle" = „tutti" verleiten, dessen verfehlte Wahl vielleicht damit zu erklären ist, daß an den Gegensatz zu „Mitglieder" gedacht wurde. Es handelt sich aber um eine öffentlich-rechtliche Vertretung der „Gesamtheit" der Angehörigen des Standes.

Nur mit dieser öffentlich-rechtlichen Vertretung kann man die allgemeine Verbindlichkeit der Tarifverträge in Italien erklären. Die fascistischen Gesetzgeber wollten den Tarifvertrag zum Rechtssatz machen. Sie sagten: „Die verpflichtende Wirkung erga omnes gibt dem Tarifvertrag einen Charakter, der über den Bereich des Vertragsrechtes hinausgehend in das öffentliche Recht gehört ... Der Tarifvertrag steht dabei zwischen Vertrag und Verordnung[2]." Der Tarifvertrag hat also hier die Natur eines Rechtssatzes erlangt[3]. Er ist aber nicht Rechtsverordnung im eigentlichen Sinne des Wortes, denn sonst müßte man ja die Syndikate als Organe des Staates ansehen. Sie sind aber ausdrücklich selbständige Verwaltungskörper. Die Tatsache nun, daß hier eine Rechtsnorm nicht von einem, sondern von zwei Rechtssubjekten ausgeht, macht bei der Erklärung der Rechtsnatur des Tarifvertrages Schwierigkeiten. Es liegt auf der Hand, daß man die beiden Tarifparteien im italienischen Recht nicht als Organe eines anderen Rechtssubjektes, gewissermaßen einer ideellen Tarifgemeinschaft, ansehen kann. Denn durch die Ablehnung der gemeinsamen Syndikate hat man ja gerade für die Schaffung eines Tarifvertrages einen Dualismus einführen wollen. Es liegt hier in der Tat ein Fall vor, daß ein Rechtssatz durch die Vereinbarung

---

[1] Vgl. oben S. 19.

[2] Bericht des Senatsausschusses zu dem Entwurf, Disc. giurid. S. 124.

[3] Hier ist Rechtssatz im engeren Sinne — nicht im Sinne der genossenschaftlichen Rechtstheorie genommen. Vgl. dazu und zu dem Folgenden Jacobi: Grundlehren, § 5 und § 15.

zweier Rechtssubjekte entsteht. Ein schuldrechtlicher Vertrag besonderer Art, wie man ihn richtig im deutschen Recht annimmt, liegt keinesfalls vor, denn hier ist die Wirkung auch für die Nichtangehörigen der Verbände zwingend, ohne daß ein Akt der Staatsgewalt nötig wäre. Gegen die Erklärung des italienischen Tarifvertrages als eine von zwei Subjekten geschaffene autonome Satzung spricht ja auch eigentlich nur die Tatsache, daß es eine solche Entstehung von Rechtssätzen bisher nicht oder nur in ganz besonders gelagerten Fällen gegeben hat. Für diese Erklärung spricht es aber, daß sie so von der Staatsgewalt gewollt ist.

Weitere Bedenken gegen die Annahme eines Rechtssatzes bestehen wohl nicht. Die beiden vereinbarenden Subjekte sind nicht freigebildete Vereinigungen und erst recht nicht Privatpersonen, sondern es sind öffentlich-rechtliche Körperschaften, die unter einer sehr starken Staatsaufsicht stehen.

Zur Gültigkeit des Tarifvertrages ist eine Veröffentlichung unter vorgeschriebenen Formen erforderlich. Die Veröffentlichung muß aber vorher durch eine Staatsbehörde genehmigt werden, bei der die Tarifverträge auch niedergelegt und registriert werden. Die Tarifverträge, die sich auf das Gebiet einer Provinz oder ein kleineres Gebiet beziehen, werden in beglaubigter Abschrift bei der Präfektur[1] niedergelegt, die Tarifverträge für ein größeres Gebiet, insbesondere also die Reichstarifverträge, bei dem Ministerium der Korporationen. Für die ersteren erfolgt die Veröffentlichung im Provinzialamtblatt, während die anderen auszugsweise in der Gazzetta Ufficiale und vollständig im Ministerialblatt des genannten Ministeriums veröffentlicht werden. Die Veröffentlichung wird von der Behörde, bei der der Tarifvertrag niedergelegt worden ist, angeordnet oder verweigert. Der Präfekt bzw. der Minister holt sich vor der Entscheidung ein Gutachten von der provinzialen Arbeitsinspektion bzw. von dem Wirtschaftsministerium ein. Gegen den die Veröffentlichung verweigernden Beschluß gibt es die Beschwerde an das Arbeitsgericht, das nach Anhörung des Staatsanwaltes entscheidet[2]. In diesem Verfahren liegt die staatliche Oberaufsicht über die Ausübung der vom Staate übertragenen Hoheitsrechte.

[1] Vgl. Anmerkung 1 auf S. 29.

[2] Vgl. Kapitel IX, 3.

Nicht die Entscheidung der Behörde, sondern der Abschluß des Tarifvertrages durch die Syndikate ist der rechtschaffende Akt. Das ist auch dadurch gekennzeichnet, daß die Entscheidung der Behörde, auch die des Ministeriums, nicht endgültig ist, sondern darüber durch eine unabhängige Instanz, das Arbeitsgericht, entschieden wird.

2. **Der Inhalt des Tarifvertrages.** Normative Wirkung hat der gesamte Inhalt des Tarifvertrages, soweit das überhaupt sachlich möglich ist. Insbesondere erstreckt sich die normative Wirkung nicht nur auf den Teil des Tarifvertrages, dessen Bestimmungen Inhalt der Einzelarbeitsverträge werden sollen, sondern auch auf solche Bestimmungen, die das Verhältnis zwischen Arbeitgebern und Arbeiterschaft im allgemeinen regeln sollen oder die Beziehungen betreffen, die sich aus der Tatsache, daß die Beteiligten demselben Beruf angehören, ergeben. Daneben ist ein „obligatorischer Teil" des Tarifvertrages möglich. Das Gesetz selbst sieht den Fall vor, daß die abschließenden Verbände über die gesetzliche Haftung für die Durchführung, die nur eintritt, wenn die Syndikate nicht das Ihrige dafür getan haben, hinausgehend noch eine Haftung für die Durchführung des Tarifvertrages unbedingt übernehmen. Üblich sind solche Klauseln jedoch nicht. Fast alle Tarifverträge enthalten neben den Bestimmungen, die den Tarifvertrag selbst betreffen, ausschließlich solche Bestimmungen, die ihrem Inhalt nach sachlich normative Wirkung haben können und daher haben. Eine Rechtsfolge im Falle des Abweichens ist allerdings nur für diejenigen Normen des Tarifvertrages bestimmt, die Inhalt der Einzelverträge werden — nämlich, daß an Stelle der abweichenden Bestimmungen automatisch die Bestimmungen des Tarifvertrages treten. Für andere Fälle der Abweichung und Zuwiderhandlung gegen den Tarifvertrag — z. B. wenn Personen beschäftigt werden oder bei Firmen Beschäftigung angenommen wird, die durch den Tarifvertrag ausgeschlossen sind — gibt es keine gesetzliche Folge. Im Einzelfall müßte untersucht werden, ob das italienische Recht ein Vorgehen gegen die Zuwiderhandlung möglich macht.

Die Tarifverträge müssen die Angaben enthalten, für welche Zeit sie gelten sollen. Nach Ablauf dieser Zeit gilt ein Tarifvertrag für erneuert, wenn er nicht von einer der Parteien gekündigt wird. Die Kündigung muß in der gleichen Weise veröffentlicht werden wie der Tarifvertrag, und es gelten die gleichen Verfahrensregeln. Auch diese Veröffentlichung kann also die Behörde verweigern, wogegen es die Anrufung des Arbeitsgerichtes gibt. Damit ist eine gewisse Stetigkeit der Arbeitsbedingungen gewährleistet und verhindert, daß durch bloßen Zeitablauf ein vertragsloser Zustand herbeigeführt wird. Durch die Kündigung kann natürlich ein vertragsloser Zustand herbeigeführt werden.

Die Tarifverträge müssen ferner angeben, für welche Betriebe, Betriebsarten oder für welche Kategorie von Arbeitern und für welches Gebiet sie gelten sollen. In Ermangelung einer solchen Angabe gelten sie für alle Arbeitgeber und Arbeiter, die von den abschließenden Verbänden im Sinne des Arbeitsgesetzes vertreten werden. — Es sind also Tarifverträge möglich für das ganze Königreich, für einzelne oder mehrere Provinzen oder für bestimmte Betriebe. Bei den letzteren, den Betriebstarifen, ist aber auf der Arbeitgeberseite nicht der Unternehmer, sondern der syndikale Verband, dem er unterworfen ist, Partei des Vertrages, da ja nur anerkannte Verbände Tarifverträge abschließen können. Die Tarifverträge für eine Provinz oder für bestimmte Betriebe werden manchmal zwischen provinzialen Organisationen, manchmal aber auch trotz ihres geringeren Geltungsbereiches von den nationalen Syndikaten, Föderationen oder Konföderationen abgeschlossen; auch kommt es vor, daß bei einem Vertrag für eine Provinz auf der Arbeitgeberseite die provinziale Organisation, auf der Arbeitnehmerseite dagegen der Gesamtverband der Gewerkschaften (durch sein provinziales Bureau) Partei sind.

Die Frage, ob der Tarifvertrag größeren oder kleineren Umfangs Grundsatz sein soll, wird auch in Italien lebhaft umstritten. Die Gewerkschaften erstreben den nationalen Tarifvertrag, während die Arbeitgeber provinziale oder Betriebstarife vorziehen. Vielfach gibt es beide nebeneinander. Wenn ein nationaler Tarifvertrag besteht, zu dem provinziale oder betriebliche Zusatzverträge möglich sind, dann regelt ersterer meistens die Fragen allgemeinerer Natur: Einstellung und Entlassung von Arbeitern, *Arbeitszeit*, Ordnungsstrafen, Klassifizierung der Arbeiter, wöchentlicher Ruhetag, jährliche Ferien, Fürsorge und Versicherung, Krankheitsfall und ähnliches. Die provinzialen Verträge haben die Klausel, daß in erster Linie der nationale Vertrag gilt, und regeln dann selbst: Lohn, Verpflegung, Entschädigung für Überstunden und etwa bestehende lokale Besonderheiten, die aber nur zugunsten der Arbeitnehmer von dem nationalen Vertrag abweichen dürfen. Enthält der provinziale Vertrag die Klausel des stärkeren nationalen Vertrages nicht, dann werden die nationalen Verbände, insbesondere die der Arbeitnehmer, ihm die notwendige Zustimmung versagen.

Die Carta del Lavoro gibt einige bestimmte Anweisungen über den Inhalt des Tarifvertrages. In der Verordnung vom 6. Mai 1928 ist nun ein Teil dieser Bestimmungen wiederholt, insbesondere aber ist unter Bezugnahme auf die betreffenden Erklärungen der Carta bestimmt, daß ein Tarifvertrag nicht veröffentlicht werden darf, wenn er nicht die dort angegebenen Punkte entsprechend den angegebenen Prinzipien regelt. Diese Vorschrift ist zwingend. Die in Frage kommenden Erklärungen der Carta del Lavoro, die Grundsätze für das Arbeitsverhältnis enthalten, seien hier wiedergegeben:

XIV.

Die Entlohnung muß, soweit wie irgend möglich, den Erfordernissen des Arbeiters und des Unternehmens angemessen sein.

Bei Akkordlohn und bei längeren als 14tägigen Lohnzahlungsfristen sind zweiwöchentliche oder wöchentliche Vorschüsse zu zahlen.

Die Nachtarbeit, die nicht in regelmäßiger Schicht verrichtet wird, wird mit einem höheren Prozentsatz als die Tagarbeit entlohnt.

Bei Akkordarbeit müssen die Lohnsätze so festgesetzt sein, daß ein fleißiger Arbeiter mit normaler Arbeitsfähigkeit außer dem Grundlohn noch einen Mindestverdienst erreichen kann.

XV.

Der Arbeitnehmer hat das Recht, auch einen wöchentlichen, auf den Sonntag fallenden Ruhetag zu haben. Die Tarifverträge werden dies als Prinzip durchführen unter Berücksichtigung des geltenden Rechtes und der technischen Bedingungen der Betriebe; in diesem Rahmen werden sie auch gemäß den örtlichen Gepflogenheiten für die Einhaltung der staatlichen und kirchlichen Feiertage sorgen.

Der Arbeitszeitplan ist von den Arbeitnehmern genau und gewissenhaft einzuhalten.

XVI.

Nach einem Jahre ununterbrochenen Dienstes hat in Betrieben mit ständiger Beschäftigung der Arbeitnehmer das Recht auf einen jährlichen bezahlten Urlaub.

XVII.

Bei Betrieben mit ständiger Beschäftigung hat der Arbeiter bei Beendigung des Arbeitsverhältnisses durch Entlassung ohne sein Verschulden Anrecht auf eine nach der Anzahl der Dienstjahre zu bemessende Entschädigung. Diese Entschädigung ist auch im Falle des Todes des Arbeiters zu zahlen.

XVIII.

Bei Betrieben mit ständiger Beschäftigung löst der Übergang des Unternehmens in andere Hände den Arbeitsvertrag nicht auf; das Personal kann vielmehr seine Rechte dem neuen Inhaber gegenüber geltend machen. Ebensowenig löst Krankheit des Arbeiters, wenn sie nicht eine gewisse Dauer übersteigt, den Arbeitsvertrag auf. Wird der Arbeiter zum Waffendienst im Heere oder in der freiwilligen Miliz zur nationalen Sicherung einberufen, so ist das kein Grund zur Entlassung.

XIX.

Die Verfehlungen gegen die Disziplin oder die den regelmäßigen Betrieb störende Tätigkeit der Arbeitnehmer werden je nach der Schwere der Verfehlung mit Geldstrafe, Entfernung von der Arbeit und in schweren Fällen mit sofortiger Entlassung ohne Entschädigung bestraft. Die Fälle, in denen der Unternehmer diese Strafen verhängen kann, sind genau anzugeben.

XX.

Der neu eintretende Arbeitnehmer ist einer Probezeit unterworfen, während der jeder Teil das Recht hat, den Vertrag zu lösen. Es wird dann nur die Zeit, in der wirkliche Arbeit geleistet wurde, bezahlt.

Die Veröffentlichung eines Tarifvertrages, der der Carta del Lavoro nicht entspricht, ist zu verweigern. Es besteht hier also eine Rechtmäßigkeits- und eine Zweckmäßigkeitskontrolle, denn auch, weil die Entlohnung nicht angemessen sei, kann die Veröffentlichung verweigert werden. Die Entscheidung des Arbeitsgerichtes über eine derartige Frage entspricht der noch darzustellenden Funktion des Arbeitsgerichtes in Arbeitsstreitigkeiten.

VIII. Die Anordnungen der Korporationen.

Auch die Korporationen, die behördlichen Verbindungsorgane zwischen den Syndikaten, haben die Fähigkeit, Normen zur Regelung der Arbeitsbedingungen zu erlassen, und zwar solche allgemeinen Inhalts. Diese Normen sind den Tarifverträgen in jeder Weise gleichgestellt. Hier haben wir wieder die übliche Form des Erlasses eines Rechtssatzes durch den Beschluß einer dazu ermächtigten Behörde. Allerdings können die Korporationen ihre Anordnungen nur erlassen, wenn die beiden verbundenen Syndikate ihnen die Ermächtigung dazu gegeben haben. Die Ermächtigung kann auch allgemein in dem Statut der Behörde erteilt werden. Diese Mitwirkung der Syndikate bei dem Erlaß der korporativen Anordnungen hat wohl auch davon abgehalten, diese als Verordnungen einer Behörde wie andere auch zu bezeichnen und dazu geführt, daß ihre Rechtskraft durch Bezugnahme auf die Bestimmungen über den Tarifvertrag geregelt wird.

Da es noch keine Korporationen gibt, haben auch die von ihnen zu erlassenden Anordnungen noch keine praktische Bedeutung gewonnen.

IX. Arbeitsstreitigkeiten.

Die tarifvertragliche Regelung ist ein Ergebnis des übereinstimmenden Willens der beiden syndikalen Organisationen. Ungelöst ist damit noch das Problem der Arbeitsstreitigkeiten — der Fall, daß sich die Organisationen nicht einigen können. Den Arbeitskampf hat der fascistische Staat abgeschafft, an seine Stelle ist das gerichtliche Urteil getreten, es sei denn, daß sich die Parteien einem Schiedsgericht unterstellen. So sind das Verbot von Streik und Aussperrung, die Möglichkeit schiedsgerichtlicher Regelung und die Einrichtung einer kollektiven Arbeitsgerichtsbarkeit eng miteinander verknüpfte Begriffe.

1. Verbot von Streik und Aussperrung. Die Arbeitgeber, die ohne Grund, mit dem einzigen Ziel, von den Arbeitern eine Änderung der Arbeitsbedingungen zu erlangen, die Arbeit in ihren Betrieben einstellen, werden mit Geldstrafe von 10000 bis 100000 Lire bestraft.

Die Angestellten und Arbeiter, die zu dreien oder mehreren nach vorheriger Abmachung die Arbeit verlassen oder in einer Weise leisten, die die Ordnungsmäßigkeit und den Fortgang der Arbeit stört, mit dem Ziel, andere Arbeitsbedingungen zu erreichen, werden mit Geldstrafe von 100 bis 1000 Lire bestraft.

Schwerere Strafen — Gefängnis bis zu zwei Jahren und Aberkennung der Fähigkeit zu öffentlichen Ämtern — treffen Streikende in öffentlichen oder gemeinnützigen Betrieben sowie die Leiter, Anstifter und Organisatoren einer Aussperrung oder eines Streikes. Soll durch die Aussperrung oder den Streik ein Druck auf den Staat oder staatliche Einrichtungen ausgeübt werden, so erhöht sich die Strafe für die Anführer auf sieben Jahre Gefängnis.

2. Schiedsspruch. Entsteht eine Streitigkeit zwischen den Syndikaten über die Anwendung eines Tarifvertrages oder gleichgestellter Normen oder über die Schaffung neuer oder anderer Arbeitsbedingungen, dann steht es nach dem Arbeitsgesetz den Parteien frei, sich einem Schiedsspruch zu unterwerfen, wie es das Zivilprozeßrecht vorsieht. Die Artikel 8 bis 34 codice di procedura civile regeln das Schiedsverfahren grundsätzlich in der gleichen Weise wie das deutsche Recht. Es gibt eine Berufung gegen den Spruch an das zuständige Gericht.

Der Schiedsspruch zwischen den Syndikaten über eine kollektive Streitigkeit, der ja auf einem Vertrag zwischen den Syndikaten beruhen muß, hat die gleiche Wirkung wie ein Tarifvertrag. Seine Rechtskraft beruht auf dem Rechte der Syndikate, tarifliche Normen zu setzen. Denn auch der Schiedsspruch ist rechtlich durch den Vertrag zustande gekommen, die Festsetzung des Inhaltes wurde aber dem Schiedsgerichte überlassen. Für die volle Wirkung des Schiedsspruches sind die gleichen Erfordernisse wie für den Tarifvertrag vorgeschrieben. — Gegen den Spruch geht die Berufung an das Arbeitsgericht.

3. Arbeitsgericht. Die fascistische Gesetzgebung hat das Gewicht nicht auf den Schiedsspruch gelegt — auch ein obligatorisches Schiedsverfahren genügte nicht —, sondern es ist eine reguläre Gerichtsbarkeit in kollektiven Arbeitsstreitigkeiten eingerichtet worden. „Der obligatorische Schiedsspruch", sagt die fascistische Regierung[1], „ist nur eine rückständige und weniger vollkommene Form der staatlichen Justiz. Ein Schiedsrichter ist weniger als ein Richter. Er ist gewählt von den Parteien und vertritt die Parteien in dem Schiedskollegium. Diese Eigenschaft des Schiedsgerichtes, daß es ganz oder teilweise von den Interessenten herrührt, hat einen schweren Nachteil: die Entscheidung hat immer die Eigenschaft eines Kompromisses oder eines Vergleiches, was notwendigerweise ihre Autorität mindert." Aus diesem Grunde soll nicht die Schiedsgerichtbarkeit obligatorisch sein, sondern die Entscheidung eines staatlichen Gerichtes gegeben sein, das als Arbeitsgericht bezeichnet wird.

---

[1] Begründung des Entwurfes des Arbeitsgesetzes vor dem Senat. Disc. giurid. S. 84.

Als Arbeitsgerichte fungieren die Appellationsgerichte[1]. Sie bilden in dieser Eigenschaft eine besondere Sektion, bestehend aus drei Richtern und zwei sachverständigen Laien.

Die Laienbeisitzer werden von dem Präsidenten der arbeitsgerichtlichen Sektion für jeden einzelnen Fall bestimmt nach einer Liste, die von ihm und dem Präsidenten des Appellationsgerichtes jährlich zusammengestellt wird. Diese Liste ihrerseits beruht auf einem Verzeichnis, das der Präsident des Appellationsgerichtes nach Vorschlägen der Provinzialwirtschaftsräte und nach Anhörung der zuständigen Korporationen (vorläufig des Ministers der Korporationen) anfertigt und ständig erneuert. Die jedesmalige besondere Auswahl hat ihren Grund darin, daß jeder einzelne Fall die Bestimmung besonderer Sachverständiger verlangt. Wer an dem Ausgang des Rechtsstreites auch nur indirekt ein Interesse hat, darf nicht zu dem Gericht gehören; deshalb sind es ja auch nicht die Syndikate, die die Vorschläge machen.

Die Arbeitsgerichte sind zuständig für alle Streitigkeiten aus kollektiven Arbeitsbeziehungen, die entweder über die Anwendung von Tarifverträgen und gleichgestellten Normen oder über die Neuschaffung von Arbeitsbedingungen entstehen. Die beiden Möglichkeiten sind grundsätzlich zu unterscheiden.

Da Streitigkeiten aus Einzelarbeitsverträgen nicht zur Zuständigkeit der Arbeitsgerichte gehören[2], kommen über die *Anwendung* von Tarifverträgen und gleichgestellten Normen nur solche Klagen hier in Frage, die die Erfüllung eines Tarifvertrages durch einen syndikalen Verband zum Gegenstand haben. Es kann sich dabei handeln a) um die Erfüllung von Verpflichtungen,

---

[1] Die Gerichte in Italien sind: Pretura, Tribunale, Corte di appello, Corte di Cassazione. Die Pretura ist im Zivilprozeß zuständig für Vermögensstreitigkeiten im Werte bis zu 1500 Lire und in einigen besonderen Fällen. Das Tribunale ist zuständig für die weiteren Zivilprozesse und als Berufungsgericht gegen die Entscheidungen der Pretura. Die Corte di appello ist Berufungsinstanz für die Entscheidungen des Tribunale. Eine Corte di Cassazione als oberster Gerichtshof ist höchste Instanz gegen die Entscheidungen der Appellationsgerichte aus Verfahrens- und Rechtsgründen. — Die Appellationsgerichte entsprechen also unseren Oberlandesgerichten.

[2] Über Streitigkeiten aus Einzelarbeitsverträgen (auch über Anwendung des Tarifvertrages) entscheiden auf Grund einer Königlichen Verordnung vom 26. Februar 1928 die ordentlichen Gerichte mit sachverständigen Beisitzern.

die das Syndikat in dem Tarifvertrag übernommen hat, b) um die Haftung für Nichterfüllung des Tarifvertrages durch die einzelnen, sofern das Syndikat es unterlassen hat, mit den nötigen Mitteln gegen die Säumigen vorzugehen, c) um die Haftung für Nichterfüllung durch die einzelnen, wenn das Syndikat eine Garantie für die Erfüllung übernommen hat, d) um die Feststellungsklage über die Auslegung eines Tarifvertrages. Das Gericht entscheidet in diesen Fällen nach den allgemeinen Regeln über die Anwendung und Auslegung von Verträgen, — was im Gesetz noch einmal ausdrücklich hervorgehoben worden ist. Das Verfahren hat nur die Besonderheit, daß die Urteile auch gegenüber den am Verfahren nicht Beteiligten in Rechtskraft erwachsen. Aus diesem Grunde müssen sie in dem Provinzialamtsblatt bzw. in der Gazzetta Ufficiale veröffentlicht werden.

Durch das Verfahren über die *Neuschaffung* von Arbeitsbedingungen — das die notwendige Folge des Verbotes von Streik und Aussperrung ist — ist der Justiz eine völlig neue Aufgabe gegeben worden, während das Verfahren über die Anwendung von Verträgen immer zur Zuständigkeit der Gerichte gehört hat. Wenn die Verhandlungen über den Abschluß eines Tarifvertrages oder die Abänderung eines bestehenden Tarifvertrages nicht zu einer Einigung geführt haben, dann klagt die an einem Abschluß oder einer Änderung interessierte Partei bei dem Arbeitsgericht gegen die andere Partei mit dem Antrage, die Arbeitsbedingungen in dieser oder jener Weise festzusetzen. Das auf diese Klage ergehende Urteil, das neue Arbeitsbedingungen statuiert, gilt in jeder Weise wie ein Tarifvertrag und hat auch einen gleichen Inhalt. Quelle der Rechtskraft ist aber hier nicht mehr das Übereinkommen der syndikalen Organisationen, sondern die richterliche Entscheidung. ,,Es ist eine der gesetzgebenden analoge Funktion, die einem an sich richterlichen Organ übertragen ist[1]."

Während nun bei dem Rechtsstreit über die Anwendung von bestehenden Tarifnormen das Gericht wie bei anderen Verfahren nach den allgemeinen Regeln über die Auslegung und Anwendung von Verträgen entscheiden kann, ist dieses Kriterium hier nicht gegeben. Das Gesetz ordnet an, das Appellationsgericht als Arbeitsgericht habe bei der Neuschaffung von Arbeitsbedin-

[1] MONTESSORI: S. 27.

gungen zu entscheiden „nach Billigkeit, die Interessen der Arbeitgeber und der Arbeitnehmer abwägend und jedenfalls die höheren Interessen der Wirtschaft schützend". Begründungen und Besprechungen des Arbeitsgesetzes weisen vielfach darauf hin[1], daß es nicht das erstemal in der italienischen Gesetzgebung sei, daß einem Gerichte die Festsetzung des justum pretium oder die Regelung sonstiger Rechtsbeziehungen zwischen Privaten übertragen wird, und führen dann als Beispiel den Fall an, daß der Richter, wenn kein Preis vereinbart ist, einen richtigen Preis festzusetzen hat. Aber in derartigen Fällen wird dem Richter nur die Regelung einer Frage in einem im übrigen von den Parteien geregelten Rechtsverhältnis übertragen, und auch dabei hat er in erster Linie den mutmaßlichen Willen der Parteien zu erforschen. Bei der neuen Arbeitsgerichtsbarkeit ist dagegen dem Gericht allgemein die Bestimmung von Normen gegeben, die die Arbeitsbeziehungen regeln und zwingende Rechtssätze sind, wobei oft gegen den Willen der Partei entschieden werden soll. Das Gericht ist also ein staatliches Organ zur Schaffung eines Rechtssatzes.

Nicht nur juristisch ist die Übertragung einer gesetzgebenden Funktion auf ein Gericht eine Besonderheit, sondern auch politisch ist sie im fascistischen Staat bemerkenswert. Obwohl der fascistische Staat die Macht der Exekutive ungemein erhöht hat, die Bedeutung der Legislative stark verringert hat und sie in hohem Maße von der Exekutive abhängig gemacht hat, hat er hier eine so wichtige diskretionäre Entscheidung in die Hände der unabhängigen Justiz gelegt, ohne sich einen Einfluß auf die Entscheidung zu sichern. Dies bleibt auch dann ein bemerkenswerter Vorgang, wenn man berücksichtigt, daß die Unabhängigkeit der Justiz in Italien nicht die Garantien hat wie in anderen Ländern. Der Spruch kann auch heute noch nicht dem Richter diktiert werden. Aber durch Gesetz vom 24. Dezember 1925 ist mit anderen Beamten auch der Richter absetzbar geworden. Voraussetzung der Absetzung ist, daß der Beamte „infolge von Äußerungen innerhalb oder außerhalb des Amtes nicht die volle Gewähr treuer Pflichterfüllung bietet oder sich in einen unvereinbaren Gegensatz zu den allgemeinen politischen Richt-

---

[1] Z. B. Disc. giurid. S. 86.

linien der Regierung setzt“. Zur Absetzung eines Richters ist ein Ministerratsbeschluß nötig. Es darf wohl bezweifelt werden, daß auf diese Art ein großer Druck auf den Spruchrichter ausgeübt werden kann. Stärker ist der Einfluß, den der Staat durch die Ernennung des Präsidenten und durch diesen auf die Wahl der Beisitzer hat — aber insoweit sind die Gerichte nirgends vollständig unabhängig[1].

Jedenfalls bleibt trotz aller Einschränkungen der Versuch, an Stelle der parlamentarischen Interessenvertretung die gerechte Abwägung von Interessen zu setzen und dabei den Einfluß der jeweiligen Macht der interessierten Gruppen herabzumindern.

Der Gegensatz zu der liberalen Wirtschaftsauffassung zeigte sich hier am stärksten. Dies ist auch der einzige Fall, wo bei der Beratung des Arbeitsgesetzes ernsthafter Widerstand von liberal-individualistischer Seite geleistet wurde. Die industriellen Arbeitgeber waren es, die gegen die obligatorische Arbeitsgerichtsbarkeit kämpften und als mindestes verlangten, daß die Unterwerfung unter den richterlichen Spruch bei Streitigkeiten über die Industrie fakultativ sein solle[2]. MUSSOLINI gab aber die Erklärung ab, daß ein Gesetz, das die Industrie von der obligatorischen Arbeitsgerichtsbarkeit ausnehme, ein verstümmeltes Gesetz sei; wenn man aber den Liberalismus überwinden wolle, müsse man ihn ganz überwinden[3]. Sein Machtwort gab die Entscheidung.

Die normative Wirkung des arbeitsgerichtlichen Urteils auf neue Arbeitsbedingungen ist durch Bezugnahme auf die Bestimmungen des Tarifvertrages statuiert. Es gelten auch die Bestimmungen über die Verwahrung bei der Behörde und über die Veröffentlichung. Die Behörde hat aber nicht das Recht, die Veröffentlichung zu verweigern, da ja die Beschwerde dagegen doch wieder an das Arbeitsgericht gehen würde.

Zu einer Klage vor den Arbeitsgerichten sind nur die Syndikate berechtigt und, wenn das öffentliche Interesse es erfordert, auch der Staatsanwalt. Für den Fall, daß eine Kategorie von Arbeitern einen Tarifvertrag wünscht, ohne daß für die entsprechende

---

[1] Vgl. SCHIFFER: Deutsche Justiz S. 47.

[2] Vgl. v. BECKERATH: S. 131; SCHMID: S. 146; und die parlamentarischen Vorgänge, Disc. giurid. S. 28, 36, 105.

[3] Disc. giurid. S. 36ff.

Kategorie von Arbeitgebern ein Syndikat eingerichtet ist oder umgekehrt, kann auf Antrag ein Pfleger durch den Vorsitzenden des Gerichtes bestellt werden, der die Rechte der Kategorie wahrnehmen muß. Nur in diesem Falle können einzelne, aber nicht mehr als drei Personen, die an dem Rechtsstreite interessiert sind, als Nebenintervenienten beitreten.

Der Staatsanwalt kann in das Verfahren jederzeit eingreifen und nimmt an den Sitzungen stets teil. Nach den Parteien ist immer auch der Staatsanwalt zu hören. Er hat das letzte Wort. — Die Mitwirkung des Staatsanwaltes soll die Wahrnehmung der allgemeinen Interessen möglich machen, da ja das Gericht nicht nur die Interessen der Parteien gegeneinander abwägen soll, sondern immer auf die höheren Interessen der Wirtschaft, das heißt natürlich der nationalen Wirtschaft, Rücksicht nehmen soll.

Die weiteren Vorschriften über das Verfahren entsprechen im allgemeinen den zivilprozessualen Vorschriften des italienischen Rechtes und bieten nichts besonderes. — Ausdrücklich betont ist, daß das Gericht verpflichtet ist, einen Vergleichsversuch zu machen.

Gegen die Urteile des Arbeitsgerichtes gibt es: das Wiederaufnahmeverfahren, — die Kassation, — und ein besonderes Abänderungsverfahren.

Das Wiederaufnahmeverfahren ist im italienischen Zivilprozeß gegeben, wenn das Urteil auf einer absichtlichen Täuschung des Gerichtes beruht oder neue Urkunden vorgebracht werden, die im Prozeß nicht vorgebracht werden konnten. Der Antrag geht an das Gericht, das das angefochtene Urteil erlassen hat.

Die Kassation an den obersten Gerichtshof ist im italienischen Zivilprozeß das, was bei uns die Revision ist. Sie ist gegeben, wenn zwingende Formvorschriften verletzt worden sind, wenn das Gesetz falsch angewendet worden ist und in ähnlichen Fällen.

Eine Berufung gegen die Urteile des Arbeitsgerichtes gibt es also nicht. Es gibt keine Möglichkeit, das Urteil anzugreifen, weil der Richter falsch entschieden habe.

Eigens für das arbeitsrechtliche Verfahren ist eine Abänderung der Urteile auf folgende Art vorgesehen: Wenn die tatsächlichen Verhältnisse sich erheblich geändert haben, dann kann auch vor Ablauf der in dem Urteil angegebenen Geltungsdauer durch die Parteien oder durch den Staatsanwalt die Abänderung des Urteils durch das gleiche Gericht beantragt werden. — Wird dieser Antrag zurückgewiesen, so hat der Antragsteller eine Strafe von 10000 Lire zu zahlen.

Nach Ablauf der in dem Urteil angegebenen Geltungsdauer gilt das gleiche wie bei dem Tarifvertrag: das Urteil gilt weiter, wenn nicht durch die förmliche Kündigung, die von der Behörde genehmigt und veröffentlicht werden muß, die Weitergeltung verhindert wird. Nach der Kündigung entsteht ebenso wie beim Tarifvertrag ein vertragsloser Zustand, aus dem von neuem geklagt werden kann.

Die Einführung des Abänderungsverfahrens war erforderlich, da das arbeitsgerichtliche Urteil, das Arbeitsbedingungen schafft, einem Tarifvertrag gleichstehen sollte. Ebenso wie aber ein laufender Tarifvertrag durch Klage angegriffen werden kann, so durfte auch bei bestehendem Urteil einer neuen Klage nicht die Einrede *ne bis in idem* entgegenstehen.

Die Urteile können also normalerweise nur aus Rechtsgründen angegriffen werden. Da für die normativen Urteile kein zu befolgendes materielles Recht besteht, gibt es regelmäßig gegen diese nur die Kassation wegen Verfahrensmängeln. Durch die Strafe im Falle der Abweisung des Abänderungsantrages ist auch die Abänderung erschwert. Insbesondere ist verhindert, daß ein aussichtsloses Verfahren aus lediglich politischen Gründen — etwa wie ein politischer Streik — in Gang gesetzt wird.

Die Aufhebung der durch das Urteil gesetzten Normen durch Abschluß eines neuen Tarifvertrages ist immer möglich.

Es sind schon einige Streitigkeiten von den Arbeitsgerichten entschieden worden. In allen wichtigen Fällen aber ist es bisher bei den Verhandlungen zu einer Einigung gekommen, die teilweise unter dem starken Einfluß des Ministers der Korporationen, MUSSOLINI, stand.

X. Das Verhältnis der Rechtsnormen über den Arbeitsvertrag zueinander.

Rechtsnormen für das Arbeitsverhältnis werden also in Italien gegeben durch Gesetz, Königliche Verordnung, Tarifvertrag korporative Anordnung und gerichtliches Urteil. — Neben allen steht einmalig die Carta del Lavoro.

Das Verhältnis von Gesetz und Verordnung zueinander und die Bedeutung der Carta del Lavoro gegenüber den anderen Rechtsnormen ist bereits klargestellt worden.

1. Gesetz und Tarifvertrag. Dem Tarifvertrag gegenüber sind Gesetz und Verordnung die stärkere Norm. Es erhebt sich aber die grundsätzliche Frage, ob und wieweit Arbeitsbeziehungen noch durch Gesetz geregelt werden sollen. Es stehen sich innerhalb des Fascismus zwei Richtungen gegenüber. Die einen wollen eine gesetzliche Regelung in weitem Umfange für alle Fragen, die einen grundsätzlichen Charakter angenommen haben. Sie führen aus, die Tarifverträge seien der Stoff des sich bildenden Rechtes und hätten vielfach einen experimentellen Charakter. Wenn sich dann die in ihnen niedergelegten Gedanken im Laufe der Zeit haben halten können, seien sie geeignet, Grundsätze des neuen Rechtes zu werden, und in diesem Falle müsse der Staat die durch Vertrag entstandenen Normen zu Gesetzen machen. Durch den Tarifvertrag sollten Fortschritte erkämpft werden, durch Gesetz sollten sie festgelegt werden. Der Tarifvertrag sei die Norm für den einzelnen Fall — das Gesetz sei die stehende Norm. Dagegen wird auf der anderen Seite ausgeführt, durch das Arbeitsgesetz und durch das von dem Fascismus geschaffene syndikale und korporative System werde das Bestehen von Gesetzen, die die Arbeitsbeziehungen regeln, ausgeschlossen, abgesehen natürlich von Arbeitsbeziehungen, die der Regelung durch die Syndikate entzogen sind. Damit solle nicht gesagt sein, daß die bestehenden Gesetze unverzüglich abgeschafft werden müßten. Im fascistischen Staate solle aber nicht alles durch den Staat, sondern nur alles im Rahmen des Staates geregelt werden. Die Unterscheidung von Norm für den einzelnen Fall und stehender Norm sei unzulässig, seit aus dem Tarifvertrag selbst eine gesetzliche Norm geworden sei. Ein Gesetz über Arbeitsbeziehungen könne nunmehr nur entweder ein Ersatz oder ein Duplikat des Tarifvertrages sein, etwas, das in einem geordneten Staatswesen unzulässig sei. — Die Frage ist politischer Natur. Mit dem Satz, daß im Gesetz die durch den Tarifvertrag erkämpften Fortschritte festgelegt werden sollten, sind offenbar die zu erkämpfenden Vorteile für die Arbeitnehmer gemeint. — Bis jetzt ist in Italien eine Gesetzgebung, die das Arbeitsverhältnis regelt, nur spärlich gegeben, wie schon erwähnt wurde. *Nach* dem Arbeitsgesetz ergingen nur noch das Gesetz über die Arbeitshygiene und die Zusammenfassung der Gesetzgebung über Kinder- und Frauenarbeit. Das einzige Gesetz, das inhaltlich den Tarifverträgen Konkurrenz macht, ist das Gesetz über den privaten Anstellungsvertrag[1], das *vor* dem Arbeitsgesetz erging. Auch für die Privatangestellten ergehen aber noch Tarifverträge, die eben weniger zu regeln haben als sonst insbesondere die Reichstarifverträge.

2. Tarifvertrag und gleichgestellte Normen. Das Gesetz ist selbstverständlich auch den dem Tarifvertrag gleichgestellten Normen, der korporativen Anordnung und dem arbeitsgerichtlichen Urteil gegenüber die stärkere Norm.

Im Verhältnis des Tarifvertrages und der ihm gleichgestellten Normen ist grundsätzlich der jüngste Rechtssatz gültig. Bei Tarifvertrag und Urteil ist das selbstverständlich, da das Urteil ja den bestehenden Tarifvertrag ersetzen soll, und es andererseits den Parteien unbenommen bleiben soll, das Urteil durch einen freien Tarifvertrag zu ersetzen. Für Tarifvertrag und korporative Anordnung ist ausdrücklich bestimmt, daß zwar die korporative Anordnung an sich unanfechtbar ist, aber durch einen Tarifvertrag hinfällig wird, daß umgekehrt durch den Erlaß einer solchen Anordnung die bestehenden Tarifverträge als geändert oder außer Kraft gesetzt anzusehen sind. — Wenn die Korporationen erst einmal eingerichtet sind, werden die Anhänger der gemeinsamen Syndikate sicherlich erstreben, daß die Anordnungen dieser Behörden gegenüber den Tarifverträgen vorherrschen.

XI. Schlußbetrachtung.

Der Versuch der Fascisten in Italien, das Problem der Beziehungen zwischen Kapital und Arbeitskraft zu lösen, stützt sich sachlich auf den Gedanken, daß der Konflikt zwischen Arbeitgebern und Arbeitnehmern nicht eine notwendige Erscheinung ist, sondern daß die Interessen einheitlich sind und von dem Interesse der gesamten nationalen Wirtschaft umfaßt werden. Die Regelung des Arbeitsverhältnisses durch die öffentlich-recht-

[1] Siehe oben S. 14.

lichen Berufsvertretungen soll diesen Gedanken entsprechen, und die staatliche Aufsicht soll die Syndikate dahin leiten, daß sie das Gemeinsame berücksichtigen und nicht kurzsichtig die scheinbaren Gegensätze betonen. Der Konflikt, der unnötig ist, soll vermieden werden. Es gibt für jeden Fall eine rechte Lösung und diese muß gefunden werden. Wenn es nun dennoch zum Konflikte kommt, dann ist die Folgerung die, daß ein Gericht die rechte Lösung finden können muß. — Je stärker der Einfluß des Staates und sein Hinwirken auf eine Einigung ist, desto weniger wird es zu gerichtlichen Verfahren kommen. Die Bedeutung der richterlichen Entscheidung wächst, wenn der Staat die Verbände freier walten läßt.

v. Beckerath wirft die Frage auf, ob der Staatssyndikalismus ohne die ergänzende Diktatur möglich sei[1]. Er bezweifelt, ob sich im Schoße der Syndikate und Korporationen Berufsethos und Verantwortlichkeit gegenüber dem Verbande und der Gesamtheit entwickeln werden; „dazu wäre notwendig", heißt es, „das nackte Erwerbsinteresse, auf welchem das kapitalistische System letzten Endes beruht, abzuschwächen und soziale Triebe an seine Stelle zu setzen". — Ganz abgesehen davon, daß eine solche Verschiebung der geistigen Einstellung sehr zu begrüßen wäre, können meines Erachtens auch schon jetzt die neuen Formen arbeitsrechtlicher Normensetzung, die der Fascismus gebracht hat, ohne eine über den Organisationen stehende Diktatur gedacht werden.

Einzigkeit und öffentlich-rechtliche Natur der Organisationen, die Arbeitgeber und Arbeitnehmer vertreten, wären — von historischen Bedingtheiten und politischen Widerständen abgesehen — überall möglich. Einmal eingeführt, können sie sich vielleicht auch in einem Italien halten, das nicht mehr fascistisch sein wird. Es kommt da, wie bei den meisten Einrichtungen des Fascismus, nur auf die Handhabung an. Syndikate, denen gegenüber der Staat nur zurückhaltend seine Kontrolle ausübt, können doch sicher eine ausgezeichnete Vertretung der betreffenden Interessen sein. Dabei würden sie den Vorteil haben, unbeschwert von Rücksichten auf die Politik und auf die Werbung von Mitgliedern wirklich nur die

[1] v. Beckerath: S. 138.

Interessen des Berufes im Rahmen der Gesamtwirtschaft zu vertreten.

Für das Verbot von Streik und Aussperrung ist es allerdings Voraussetzung, daß der nicht diktatorisch regierte Staat doch wenigstens in der Lage ist, diesem Verbot wirkliche Geltung zu verschaffen. Konflikte würden ohne Diktatur häufiger sein, da auf die Verbände nicht wie heute ein Druck ausgeübt werden kann, sich zu vergleichen. Die Kernfrage hierfür wäre daher die, ob die Gerichte in der Lage sein werden, in einer auf die Dauer befriedigenden Weise die Arbeitsstreitigkeiten zu entscheiden. — Man mag das bezweifeln, darüber urteilen wird man erst können, wenn die notwendigen Erfahrungen gemacht worden sind. Leider fehlt die Möglichkeit, sich über die wirkliche Wirkung der wenigen bisher ergangenen Urteile zu informieren.

Der Widerstand gegen das fascistische System ist von seiten der sozialistischen Arbeiterschaft und von seiten des kapitalistischen Unternehmers der gleiche. Der kapitalistische Unternehmer im eminenten Sinne will Macht, damit er ungehindert ist, die Interessen der Wirtschaft zu verfolgen. Das fascistische System läßt ihn zwar grundsätzlich frei, hindert ihn aber, sobald die Regierung glaubt, daß das Gesamtinteresse gefährdet sei, im speziellen Falle, wenn eine Ausbeutung des Arbeiters vermutet wird. — Die sozialistische Arbeiterschaft will ebenfalls die politische Macht, will letztlich den sozialistischen Staat. — Beiden ist ein System entgegenstehend, das zwar ihre berechtigten Interessen schützen will, ihnen aber die Entscheidung darüber entzieht, wann ihre Interessen berechtigte sind.

Die Opposition gegen den Fascismus kommt in der Praxis mehr aus Arbeitgeberkreisen als von der Arbeiterschaft. Der Grund hierfür liegt im Wesen der Arbeiterbewegung. Nicht einzelne Arbeiter können nach der Macht streben, sondern nur die organisierte Arbeiterschaft oder wenigstens eine große Gruppe unter ihnen. Da aber ein organisatorischer Zusammenschluß der sozialistischen Arbeiterschaft (wenn es überhaupt noch eine gibt) in Italien unmöglich gemacht ist, kann sich eine Opposition von dieser Seite nicht bilden. — Der machterstrebende Arbeitgeber ist dagegen einzeln oder zu wenigen. Er stellt auch als einzelner schon eine wirtschaftliche Macht dar, die selbst der fascistische Staat nicht ignorieren kann. Daher ist die Bevormundung der Arbeitgeberverbände nicht so stark wie die der Arbeitnehmer, und es ist bezeichnend, daß der einzige ernsthafte Widerstand gegen die Ideen des Arbeitsgesetzes bei der Arbeitsgerichtsbarkeit aus den Kreisen der industriellen Arbeitgeber kam[1].

Im Ausland, wo die Meinung frei geäußert werden kann, wird der Fascismus aber gerade von links sehr bekämpft. Das beweist zum mindesten, daß der Fascismus weder sozialistisch noch kapitalistisch ist, sondern tatsächlich dazwischen steht. Es muß wohl auch zugegeben werden, daß der ehrliche Wille besteht, beiden, Arbeitgebern wie den Arbeitnehmern, gerecht zu werden. Wie weit das gelingt oder überhaupt möglich ist, kann im Rahmen dieser Arbeit nicht untersucht werden.

Es darf nun nicht vergessen werden, daß das italienische Arbeitsgesetz ein Teil der gesamten fascistischen Staatsumformung ist und in diese organisch eingefügt ist. Das Wesentliche an der fascistischen Staatsform ist der autoritäre Staat. Der Fascismus entstand als Reaktion gegen die absolute Machtlosigkeit des Staates gegenüber anderen Kräften. So liegt dem dargestellten System neben dem Gedanken der Gemeinsamkeit der Interessen in erster Linie der politische Gedanke zugrunde, daß die Entscheidung des Staates im Interesse des Staates ausschlaggebend sein müsse.

Der liberale Gedanke läßt Unternehmer und Arbeitnehmerschaft rücksichtslos ihre Ziele verfolgen. Das kann dazu führen, daß eine von den beiden Kräften ganz obsiegt und dann die Entscheidung selbständig treffen kann. Es kann dahingestellt bleiben, ob dies ein Vorteil oder ein Nachteil ist, jedenfalls ist aber der Staat dann nicht mehr souverän, da er in einer das Leben des Staates unbedingt stark berührenden Frage nicht mehr letzte Entscheidungsinstanz ist. Will der Staat aber seine Souveränität und damit seine Existenzberechtigung behaupten, dann muß er faktisch und rechtlich auch die Ordnung im Wirtschaftsleben durch *seine* Entscheidung und Wirksamkeit sichern[2].

---

[1] Vgl. oben S. 48.

[2] Vgl. statt vieler HELLER: Die Souveränität S. 102, 103, 110.

Der Fascismus hat zu diesem Zwecke nicht nur eine Diktatur aufgerichtet, sondern er hat ein ganzes System aufgebaut, durch das gleichzeitig der Einfluß des Staates gefestigt und die Fühlung mit den beteiligten Kreisen ermöglicht ist. Die Diktatur steht und fällt, wie jede Diktatur, mit der Person ihres Trägers, Mussolinis. Das arbeitsrechtliche System aber, das Mussolini aufgebaut hat, kann in jedem Staate mit einer einigermaßen starken Exekutive Bedeutung und Wert haben. Aus diesem Grunde ist der fascistische Versuch, die Beziehungen zwischen Kapital und Arbeitskraft zu regeln, für den souveränen Staat richtungweisend.

Literaturverzeichnis.

ACITO, A.: Corporazioni e sindacati nella Storia, nello Stato e nei Partiti politici. Milano 1925. — AMBROSINI, GASPARE: Sindacati, consigli tecnici e Parlamento politico. Roma 1925. — D'AMELIO, S. E.: La Magistratura del Lavoro. In „Le assicurazioni sociali" gennaio-febbraio 1926, S. 7. — ANSCHÜTZ: Die Verfassung des Deutschen Reiches. Berlin 1926. — AVARNA DI GUALTIERI, CARLO: Il Fascismo. Toronto 1925.

BALELLA, GIOVANNI: Lezioni di Legislazione del Lavoro. Roma 1927. — BECKERATH, ERWIN v.: Wesen und Werden des fascistischen Staates. Berlin 1927. — BELTRAMELLI, ANTONIO: L' Uomo nuovo (Benito Mussolini). Milano.

CARNELUTTI, FRANCESCO: Teoria del regolamento collettivo dei rapporti di lavoro (Lezioni di diritto industriale). Padova 1927. — CIOFFI, ALFREDO: Organizzazione Sindacale e rapporti collettivi di lavoro nella legislazione italiana. Milano 1927. — COSTAMAGNA, CARLO: Diritto Corporativo Italiano. Torino 1928.

DUNGERN, Freiherr WOLFRAM v.: Die berufsständische Selbstverwaltung als Grundlage des kommenden Staates. Berlin 1928.

FERRARA, FRANCESCO: Teoria delle persone giuridiche. Napoli 1915.

GIANTURCO, MARIO: La legislazione sindacale fascista e la reforma costituzionale. Genova 1926. — GIGANTE, M.: Commento alla legge 3 aprile 1928 n. 563, sulla disciplina giuridica dei rapporti collettivi di lavoro. Roma 1927. — GIORDANO, ORESTE: L' arbitrato e la conciliazione nei conflitti collettivi del lavoro. Dissert. Rom. Matera 1926. — GUTKIND, KURT SIGMAR: Mussolini und sein Fascismus. Heidelberg 1928.

HIRSCHBERG-NEUMEYER, Dr. MARGHERITA: Die italienischen Gewerkschaften. Jena 1928. — HELLER, HERMANN: Die Souveränität. Ein Beitrag zur Theorie des Staats- und Völkerrechts. Berlin 1927. — Europa und der Fascismus. Berlin 1929. — HÖNIGSCHMID-GROSSICH, R., u. A. DRESLER: Wirtschaftsauffassung und Gewerkschaftspolitik des Fascismus. München 1927.

JACOBI, ERWIN: Grundlehren des Arbeitsrechts. Leipzig 1927. — JELLINEK, G.: Allgemeine Staatslehre, 3. Aufl. 1920. — Besondere Staatslehre. (Ausgewählte Schriften und Reden II.) 1911.

KANDELER, HERMANN: Die Stellung der Berufsverbände im öffentlichen Recht. Berlin 1927.

LEIBHOLZ, Dr. GERHARD: Zu den Problemen des fascistischen Verfassungsrechts. Berlin 1928. — LOTMAR: Die Tarifverträge zwischen Arbeitgebern und Arbeitnehmern. In Brauns Arch. f. soz. Gesetzgebung u. Statistik Bd. 15, 1900.

MARANINI, GIUSEPPE: La divisione dei poteri e la riforma costituzionale. Venezia 1928. — MARSCHAK: Der korporative und der hierarchische Gedanke im Fascismus I. In Arch. f. Sozialwiss. u. Sozialpolitik Bd. 52. — MONTESSORI, ROBERTO: Sindacati e contratti collettivi di lavoro. Il Magistrato del lavoro. Modena 1926. — MÜLLER, W., Prof. Dr.-Ing.: Der Fascismus als soziale Wirtschaftsmacht. Berlin 1928. — MUSSOLINI, BENITO: Diuturna. Milano 1924. — Discorsi del 1925. — Fascismo e sindacalismo. In „Gerarchia". Maggio 1925. — L'Italia nel Mondo. Roma 1928.

PANNUNZIO, SERGIO: Lo Stato fascista. Milano 1925.

ROCCO, ALFREDO: La Dottrina politica del Fascismo. Roma 1925. — ROSSONI, EDMONDO: Le idee della ricostruzione (Discorsi). Firenze 1923.

SCHMIDT, EMIL, Dr.: Die Arbeitgeberorganisationen in Italien. Geschichte, Politik und Stellung im heutigen Staate. Zürich 1927. — SONNTAG, JOSEF: Mussolinis Sendung und die Wahrheit über Tirol. Berlin 1927.

TATARIN-TARNHEYDEN: Die Berufsstände, ihre Stellung im Staatsrecht und die Deutsche Wirtschaftsverfassung. Berlin 1922. — THUR, v.: Allgemeiner Teil. — TURATI, AUGUSTO: Una Rivoluzione e un Capo. Roma.

WEBER, ADOLF: Der Kampf zwischen Kapital und Arbeit. Tübingen 1921.

ZANGARA, VINCENZO: Rivoluzione Sindacale. Lo Stato Corporativo. Roma 1927.

Das hauptsächliche Gesetzesmaterial, die parlamentarischen Akte, die Statuten sämtlicher Berufsverbände und sonstige wichtige Dokumente sind gesammelt vom Ministero delle Corporazioni und herausgegeben als: Disciplina giuridica dei rapporti collettivi del lavoro e ordinamento corporativo dello Stato. Roma 1927. (Zitiert: Disc. giurid.)

GPSR Compliance

The European Union's (EU) General Product Safety Regulation (GPSR) is a set of rules that requires consumer products to be safe and our obligations to ensure this.

If you have any concerns about our products, you can contact us on ProductSafety@springernature.com

In case Publisher is established outside the EU, the EU authorized representative is:

Springer Nature Customer Service Center GmbH
Europaplatz 3
69115 Heidelberg, Germany

Batch number: 10844623

Printed by Printforce, the Netherlands